Dieses Buch ist auch als E-Book erhältlich.

Über den Autor:

Volker Keidel, 1969 in Würzburg geboren, verdingte sich mit verschiedenen Gelegenheitsjobs u. a. bei Siemens am Fließband, als fahrender Bäcker, Eisverkäufer und Pförtner einer Schwesternschule, bevor er in München Buchhändler wurde. Seit vielen Jahren organisiert er dort Lesungen und liest auch selbst bei der Veranstaltungsreihe Westend ist Kiez. Volker Keidel ist verheiratet und hat zwei Kinder.

Volker Keidel

Bierquälerei

Zum Feiern zu alt,
zum Sterben zu jung

BASTEI
LÜBBE
TASCHENBUCH

BASTEI LÜBBE TASCHENBUCH
Band 60748

FSC
www.fsc.org

MIX
Papier aus verantwor-
tungsvollen Quellen
FSC® C083411

Dieser Titel ist auch als E-Book erschienen

Originalausgabe

Copyright © 2013 by Bastei Lübbe GmbH & Co. KG, Köln
Textredaktion: Anne Fröhlich
Titelbild: © Gisela Kullowatz
Umschlaggestaltung: Gisela Kullowatz
Satz: hanseatenSatz-bremen, Bremen
Gesetzt aus der Optima
Druck und Verarbeitung: CPI books GmbH, Leck
Printed in Germany
ISBN 978-3-404-60748-8

3   5   7   6   4

Sie finden uns im Internet unter
www.luebbe.de
Bitte beachten Sie auch: www.lesejury.de

Sollte ich in diesem Buch Straftaten begangen haben, sind sie verjährt. Sollten sie nicht verjährt sein, sind sie erfunden.

Sollte ich jemand beleidigt haben, tut es mir höchstwahrscheinlich leid.

Die Namen meiner Freunde habe ich nicht abgeändert, weil mir das zu umständlich war. Auch von ihnen möchte ich nicht verklagt werden.

War ich nicht immer ein guter Freund?

Die Namen meiner Familienmitglieder habe ich verändert, obwohl ich weiß, dass sie wissen, dass bei mir nichts zu holen ist.

Bevor trotzdem jemand einen Anwalt auf mich hetzt, könnten wir doch vorher gemütlich bei einem Cola-Asbach-Stiefel über alles reden.

Inhalt

 **Köttbullar für alle**

Wir stehen vor IKEA. Nie waren die Voraussetzungen besser. Durch die Weihnachtsfeiertage sind die meisten Bedürfnisse befriedigt, den Rest kann auch IKEA nicht befriedigen.

Wir haben 210 Euro Bargeld dabei und wollen ein Kinderhochbett für 140 Euro und eine Kommode für meine Trikots für 70 Euro. Da kann eigentlich nichts passieren.

Zu Mittag haben wir noch daheim gegessen.

Dieses, nur dieses eine Mal wollen wir aus IKEA rausgehen, ohne unnützen Scheiß gekauft zu haben. Und ohne Köttbullar im Magen.

Unser Plan ist super und in stundenlanger Kleinarbeit perfekt vorbereitet. Wir gehen sofort zum Aufzug und fahren in den ersten Stock.

Wir haben die Kinder dabei, und Luzie freut sich sehr auf ihr neues Bett. Seit der Autobahnauffahrt Lochhausen schreit sie in kurzen, regelmäßigen Abständen: »Hochbett, Hochbett, Hochbett!!!«

Das Geschrei treibt uns an, wir wollen so schnell wie möglich raus. Ohne Teelichte.

Mit diesem Elan erreichen wir das ersehnte Hochbett und werfen Luzie aus vier Meter Entfernung hinein. Sorry, aber das muss ein Ausstellungsstück aushalten. Hält es aber nicht.

Zum Glück passiert nicht viel, und Luzie nimmt es mit

Humor, doch das Hochbett ist sprichwörtlich gestorben. Damit leider auch unser genialer Plan.

Urplötzlich haben wir 140 Euro übrig und stehen mitten im IKEA.

Jetzt ist schnelles Handeln gefragt, wir müssen den Plan überarbeiten.

Das geht am besten an einem Tisch. Im Restaurant.

Was soll's? Ich hole eine große Portion Köttbullar für alle. Kostet fast nix mit der Family Card.

Die Besprechung verläuft entspannt. Wir essen, und die Kinder hantieren mit Spielsachen, die man glücklicherweise nicht direkt kaufen kann.

Dann hat Anna eine revolutionäre Idee. Sie könnte zwei Fächer ihrer Kommode für mich räumen, und wir müssten keine zweite kaufen.

Ich bin sofort einverstanden, will die Entscheidung aber ein bisschen feiern. Ich hole den Kindern Nudeln, Anna einen Kaffee und mir einen von diesen leckeren Daim-Kuchen.

Wir haben nur noch ein Problem. Wir müssen mit knapp 200 Euro vom ersten Stock zum Ausgang kommen. Also schlagen wir nach dem Essen die Kragen hoch, packen die Kinder in den Einkaufswagen und steuern direkt den Aufzug an. Leider schafft es Tom, durch die Stäbe des Wagens eine Stoffratte zu packen. Für 99 Cent. Anna schaut mich erschrocken an, dann nicken wir uns jedoch zu. Eine Etage überwunden für 99 Cent, das ist vertretbar.

Uns ist jedoch klar, dass die zwanzig Meter im ersten Stock der leichteste Teil unseres Weges sein werden.

Dann öffnet sich die Lifttür zum Erdgeschoss. Jeder weiß, dass die meisten Ehen im Erdgeschoss von IKEA zerbrechen.

Apropos zerbrechen: Wir sind uns einig, dass wir unbedingt Weingläser brauchen. Echt dringend! Sechs Stück für 4,49 Euro, da kann man nix sagen. Und noch dringender brauchen wir Kissen und Bezüge für unser neues, tiefergelegtes Fensterbrett und neue Gardinen.

Leider bin ich handwerklich sehr ungeschickt. Das mit den Kissenbezügen krieg ich noch hin, aber um die Gardinen muss sich Anna oder ein Profi kümmern. Sonst werden sie auf dem IKEA-Friedhof in unserem Keller landen. Neben dem Stoff-Rolo und dem Observatör. Beides hatte ich schon auf drei Flohmärkten dabei.

Weil's eh schon egal ist und um die zappeligen Kinder einzuklemmen, werfe ich noch ein Riesen-Duschgel und ein paar Malkreiden in den Wagen.

Einige Meter weiter kann ich die Kassengeräusche hören. Plötzlich steht mir Schweiß auf der Stirn, gleichzeitig läuft es mir eiskalt den Rücken runter. Auch Anna bekommt rote Flecken im Gesicht.

Wir sehen einen Riesenberg Teelichte. Beim Weggehen habe ich mich noch stark gefühlt, als ich zu Hause einen Blick in die Teelichte-Schublade warf. Sie war randvoll.

Lächelnd gehen wir an den schwachen Mitmenschen vorbei, die die Teile beutelweise einladen.

Und dann passiert es. Ich erblicke einen Zwölferpack mit großen roten Teelichten, die total geil aussehen. Runtergesetzt von 1,69 auf 1,49 Euro. Ohne zu zögern greife ich zu und ernte einen mitleidigen Blick von meiner Frau.

Wir schleppen uns zur Kasse. Ich bezahle apathisch 67,89 Euro, obwohl wir eigentlich nichts gekauft haben. Ich werfe einen Blick auf die Rechnung und sehe, dass durch die Family Card das Duschgel um 1,30 Euro billiger geworden ist. Wie geil ist das denn? Da ist ja einer der vier Hot-dogs schon wieder drin, die wir uns am Ausgang reinstop-fen. Ein Abendessen für vier Personen quasi für 2,70 Euro. Wenn das mal kein Schnäppchen ist.

Trotzdem fühle ich mich benutzt und ausgespuckt, als wir vom Parkplatz rollen. Zum Glück sind wir nicht allein, auch aus den anderen Autos blicken fassungslose Gesich-ter.

Als ich eine weinende Frau sehe, kann ich nicht anders. Ich zeige ihr meine roten Teelichte und schmeiße sie aus dem Fenster. Sie tut es mir nach. Ein Dritter wirft seinen Beutel raus. Ein Vierter. Bald liegen Tausende Teelichte auf der Straße, alle Autofahrer hupen ausgelassen. Ich sehe so-gar blaue Teelichte.

Wo hat der die denn her?

»Ist das cool!«, wiehert Anna und kurbelt ihr Fenster run-ter.

»Und jetzt alle die Köttbullar!«

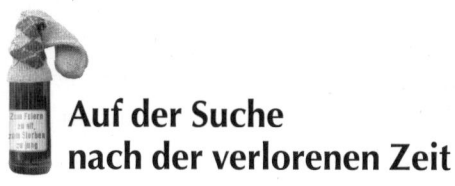

Auf der Suche
nach der verlorenen Zeit

Dann steh ich heute halt mal um 4:30 Uhr auf. Das ist schon übertrieben früh, aber ich habe um zehn Uhr einen wichtigen Termin und will nichts riskieren.

Zu Schulzeiten wäre es mir egal gewesen, wenn der Bus morgens Verspätung gehabt hätte. Sogar gefreut hätte ich mich manchmal. Aber Punkt 6:50 Uhr war der »Vorläufer«, wie unser Schulbus warum auch immer hieß, da.

Ich saß immer in der vorletzten Reihe links und besetzte meinen Nebenplatz für Heike, hinter uns saß Ralf. Jede Busfahrt war irgendwie gleich, aber schön. Und pünktlich.

Erst zehn Jahre später musste ich wieder auf öffentliche Verkehrsmittel zurückgreifen. Ohne Heike und Ralf fühlte ich mich anfangs etwas verloren, aber der MVV wurde immer mehr mein Freund und brachte mich sicher zur Arbeit und in viele Kneipen.

Erst als ich aus München raus aufs Land zog und S-Bahn fahren musste, lernte ich, den MVV zu hassen. Mittlerweile kotzt mich alles an: die S-Bahn-Fahrer, die Lautsprecherstimmen und die anderen Fahrgäste.

Ich verzichte heute auf das Duschen, so kann ich eine weitere Viertelstunde herausholen. Außerdem wird mir das etwas mehr Platz in der S-Bahn verschaffen.

Ich überlege, ob ich doch lieber das Auto nehmen soll, aber wenn ich aus dem Fenster schaue, sehe ich jetzt schon nichts als Rücklichter. Zudem bin ich zu müde zum Auto-fahren, in der S-Bahn kann ich wenigstens noch vier Stunden schlafen. Also fahre ich mit dem Fahrrad zum Bahnhof, eine Busfahrt will ich nicht wagen.

Um fünf bin ich am Bahnhof und mit mir das halbe Dorf. Eine Minute später höre ich die erste Durchsage: »Aus Witterungsgründen fällt die S4 Richtung Ebersberg um 5:18 Uhr aus. Der Zug um 5:38 Uhr verschiebt sich um zehn Minuten und fällt dann aus. Die S-Bahn um 5:58 Uhr kommt eventuell, wird aber sicher ganz schön voll sein. Trinken Sie ruhig einen Kaffee, ein Personenschaden ist bestimmt auch noch drin.«

Die Witterungsgründe sind ungefähr zwanzig Schneeflocken, die im gesamten Landkreis gefallen sind. Und das in diesem Jahr zum ersten Mal schon im Dezember! Naja, ich will nicht ungerecht sein, vielleicht sind alle zwanzig genau auf die Schienen gefallen.

Als ich nach 25 Minuten endlich meinen Kaffee in der Hand halte, fährt urplötzlich doch eine S-Bahn ein. Ich zucke kurz zusammen, realisiere aber schnell, dass es nicht einmal möglich ist, auf den Bahnsteig zu kommen. Bei dem Gedränge müssen ja einige auf die Gleise stürzen. Daher die ganzen Personenschäden, von wegen Selbstmord!

Zwei Stunden später sitze ich endlich in der S-Bahn. Quatsch, war nur Spaß! Ich bin schon froh, die Lichtschranke überwunden zu haben, aber die Sitzplätze sind alle von Senioren belegt, die es sich mit Kissen am Fenster gemütlich gemacht haben. Die meisten von ihnen wohnen mittlerweile in den S-Bahn-Waggons.

»Nein«, sagen sie, »ich zieh nicht mehr um. Hier will ich

sterben, schließlich hab ich die längste Zeit meines Lebens hier verbracht.«

Ich dagegen möchte ganz schnell wieder raus. Neben mir steht tatsächlich einer, der Zeitung liest. Er hält die *BILD* fünf Zentimeter vor sein Gesicht und leckt sich die Fingerkuppen ab, bevor er umblättert. Mir wird schlecht.

Ein anderer isst innerhalb von eineinhalb Minuten zwei Birnen und zieht dabei immer wieder den Fruchtsaft durch die Zähne. Wie kann man bitte so ekelhaft sein?!

Ich bin sehr schlecht gelaunt, bis sich der Lokführer das Mikrofon schnappt.

Er scheint ein zugedröhnter Neonazi zu sein, denn er sagt allen Ernstes: »Bitte gehen Sie aus den Lichtschranken! Wir haben einen sekundengenauen Fahrplan, auch wenn es das in Ihren Ländern nicht gibt.« (O-Ton)

Ich warte noch darauf, dass er eine baldige Fahrpreiserhöhung in Aussicht stellt, aber den Gefallen tut er mir nicht. Wir bleiben dennoch 25 Minuten im nächsten Bahnhof stehen. Genau so lange, wie man braucht, um einen S-Bahn-Kutscher aus dem Fenster zu ziehen und anständig zu verprügeln.

Dann geht es schon weiter. Ich brauche ein paar Minuten, bis ich es merke, weil wir so langsam fahren. Die Rentner sind begeistert von den Weinbergschnecken, die an uns vorbeizischen.

Wenigstens telefoniert keiner. Die Verspätungen sind so alltäglich geworden, dass die Leute nur noch beim Chef anrufen, wenn sie pünktlich kommen.

Ich selbst habe es heute geschafft und bin um neun im Hugendubel. Um 9:30 Uhr ist noch keiner meiner Kollegen da. Was aber nicht so schlimm ist, weil auch noch kein

Kunde da ist. Der Verlagsvertreter sagt den Termin um zehn Uhr ab. Notarzteinsatz an der Hackerbrücke.

Gegen 15 Uhr schließe ich den Laden wieder ab, hat ja keinen Sinn. Vielleicht komme ich dann heute noch nach Hause. Mit der U-Bahn klappt es ganz gut, aber am Hauptbahnhof sehe ich wieder Tausende miesgelaunte Fratzen. Es ist nur zu menschlich, dass es hier öfter mal Schlägereien gibt. Wenn man jemanden fragt, wie lange er schon wartet, oder ihn auffordert, seine Zigarette auszumachen, muss man damit rechnen, dass es gleich wehtut.

Unter all den langen Pferdegesichtern erblicke ich urplötzlich Alex von meiner Lesebühne. Freudestrahlend erzählt er mir, dass er sein Studium geschmissen habe und jetzt in der U-Bahn dealt. Keine Drogen, eher praktische Sachen wie zum Beispiel Rasierklingen. Der Handel laufe spitzenmäßig, sagt Alex, während er eine Urinflasche an einen Wartenden verkauft, der seinen guten Platz am Bahnsteig gerade nicht aufgeben will. Auch Bücher habe er im Angebot, Bestseller sei im Moment Marcel Prousts *Auf der Suche nach der verlorenen Zeit*. Hochaktuell vom Thema her und mit ein paar Tausend Seiten lang genug für eine S-Bahn-Fahrt.

Wir quetschen uns beide in den nächsten Zug. Der fährt zwar nur bis Pasing, aber weiter werde ich heute sowieso nicht mehr kommen.

»Liebe Fahrgäste«, bekomme ich auch gleich zu hören, »diese S-Bahn fährt heute nur bis Pasing. Ab Pasing gibt es Schienenersatzverkehr in alle Richtungen. Wohin genau, erfahren Sie im Bus. Reisende Richtung Mammendorf bestellen sich ab Langwied besser ein Taxi und blablabla.«

Ich versuche, gleich in Pasing ein Taxi zu bekommen,

werde aber ausgelacht. Die letzten Taxis für den Feierabend würden gewöhnlich morgens gegen zehn gebucht, viele Pendler hätten auch schon eine Taxi-Monatskarte.

»Na, ich hab da was für dich!«, sagt Alex und führt mich in den Pasinger Stadtpark. Für 22 Euro händigt er mir eine Isomatte, einen Schlafsack und eine Flasche Sangria aus. Ich könne mich da neben die anderen fünfzig Leute legen, sagt Alex zufrieden. Und nein, er könne nicht noch auf ein Gläschen bleiben, er müsse schließlich heute Nacht im Landkreis noch einige Schneekanonen einschalten, ein paar Weichen umstellen und Schaufensterpuppen auf die Schienen legen. Fürs Geschäft.

Beim Einschlafen muss ich an Heike und Ralf und den Vorläufer denken.

Hardcore

An diesem Abend war ich so richtig platt. Sonst ist das nicht meine Art, aber ich wollte nur noch heim aufs Sofa. Fernbedienung, Glotze an, berieseln lassen. Notfalls wäre auch ein Fußballspiel okay.

Mann, war ich geschafft von meiner Arbeit als … naja, als Buchhändler. Aber auch wir haben mal schwere Bücher zu tragen oder schwierige Kunden zu beschimpfen. Und was wir immer alles lesen müssen. Schwere Kost!

Jedenfalls schleppte ich mich mit letzter Kraft heim und erwartete Streicheleinheiten. Dazu vielleicht eine schöne Lasagne und ein schwerer Wein. Passend zum Tag und um besser einschlummern zu können.

»Ach, hallo!«, begrüßte mich Anna. Ich wunderte mich über das »Ach«, aber nicht lange.

»Du musst noch was einkaufen, bevor du kochst. Und nimm Tom mit. Ich muss mich kurz von ihm erholen. Wahrscheinlich wird er krank, so mies gelaunt wie er ist!«

Als ich Tom seufzend auf den Arm nahm und ihn anlächelte, zögerte er nicht loszuweinen und mir auf mein neues Hemd zu kotzen.

Na spitze. Optimale Voraussetzungen für ein tolles Shoppingerlebnis: beide ultramüde, beide gereizt, dazu noch eine Kotzoption von Tom.

Um die Sache abzurunden, hörte er nicht auf zu plappern. Meine Freunde munkeln schon, Tom wäre nicht von mir. Weil er so viel redet. Und so blond ist. Und gutaussehend.

Seit er zwei ist, duelliert er sich täglich mit seiner Mutter. Sieger ist, wer die meisten Silben in 24 Stunden unterbringen kann. Silben deshalb, weil er noch nicht allzu viele sinnvolle Wörter und Sätze zustandebringt. Aber bevor er sich die Blöße gibt, gar nichts zu sagen, sagt er lieber irgendetwas.

So auch, als wir den Supermarkt betraten. »Blablabla, Auto, blablaba, Baby, blablabla, Saft …« usw., lediglich unterbrochen von meinem scharfen »Jetzt halt die Klappe!« und »Bitte, Tommy!«.

Die anderen Kunden nahmen uns jetzt auch wahr.

Bis zu diesem Zeitpunkt fand ich es immer lustig, wenn Tom versuchte »Traktor« zu sagen. Oft zeigte ich ihm Traktoren aus Zeitschriften oder Bilderbüchern, nur um ihn »Traktor« sagen zu hören. In diesem Moment hatte ich keine Lust darauf, aber Tom hatte den Spielzeugtraktor schon erblickt und wollte ihn haben.

»Hardcore!«, schrie Tom durch die Gänge. »Hardcore!«

Alle schauten uns an, eine ältere Frau schüttelte den Kopf, ein jüngerer Anzug-Typ tippte eine Nummer in sein Handy. Die vom Jugendamt, wie ich vermutete.

»Traktor«, sagte ich leicht dümmlich, »er meint Traktor.«

»Nein, Hardcore!«, schrie Tom und weinte bitterlich und sehr laut. »Hardcore, Hardcore!«

Jetzt wurde es mir zu bunt.

»Ich geb dir gleich Hardcore!«, schrie ich zurück. »Du kriegst keinen Traktor, du hast schon drei zu Hause!«

Jetzt wollte auch der Filialleiter wissen, was da los war, und kam aus seinem Büro.

Weil Tom hardcoremäßig weiterblökte und weil es langsam peinlich wurde, zog ich ihn etwas unsanft am Oberarm. Er wollte sich natürlich losreißen, und ich zwickte ihn dabei unabsichtlich, aber ziemlich fest.

Seine Augen füllten sich abermals mit Tränen, und mir schwante Böses.

»Nicht zwicken!«, wollte Tom schreien, der kleine Analphabet. Weil ihm jedoch das »Z« und das »W« in Kombination anscheinend noch etwas Schwierigkeiten bereiteten, ersetzte er die beiden Buchstaben kurzerhand durch einen anderen. Tom wählte das »F«.

»Nicht ficken, Papa!«, schallte es durch alle Flure.

»Psst, Tommy!«, flüsterte ich.

»Nicht ficken, Papa! Nicht ficken!«, plärrte Tom.

Fünfmal, zehnmal, er hörte nicht mehr auf.

Jetzt kamen alle, alle wollten den Kinderschänder sehen. Das kannten sie aus dem Fernsehen. Jetzt hieß es Zivilcourage beweisen.

Ich warf alle Lebensmittel von mir, packte mein Kind und rannte Richtung Ausgang.

Als ich die Kasse passierte, hörte ich einen Piepton, und schwupps hatte mich der Hausdetektiv am Kragen.

Tom hatte den Traktor noch in der Hand. Und begann zu kotzen.

Hardcore, die aufgebrachte Meute war auch schon da. Ein Teil beschimpfte mich aufs Übelste, ich musste Tom die Ohren zuhalten, wer weiß!?

Die anderen verständigten die Polizei.

Eine Viertelstunde später saß ich auf der Polizeiwache. Anna erschrak am Telefon ein bisschen, dass man mich wegen Diebstahls und Kindesmissbrauchs, anzeigen wollte.

Bevor sie jedoch mit der Kaution vorbeikam, hatte ich den Polizisten bereits von meiner Unschuld überzeugt. Ich hatte Tom gezwungen beziehungsweise gefungen, folgende Wörter zu sagen: Zwerg, Zwiebel, Zwangsumtausch, Zwölffingerdarmgeschwür und Zweckrationalität.

Als Anna die Wache betrat, fand sie den Polizisten und mich lachend am Boden.

»Weißt du, wo er geboren ist?«, brachte ich gerade noch hervor. »In Zwickau!«

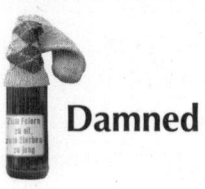

Damned

Die Interessen haben sich verschoben. Wenn man früher eine Party besuchte, unterhielt man sich wenig. Ab und zu fragte man mal, ob denn die eine da mit den schönen Brüsten einen Freund hätte. Aber viel wichtiger war es, dass man wusste, wo es Bier gab. Erst wenn das Bier dann irgendwann aus war, stellte sich heraus, wer ein Checker war. Entweder man hatte selbst Bier gebunkert oder man wusste, wo andere Bier gebunkert hatten. Erfahrungsgemäß wurde immer etwa ein Drittel des Gesamtvorrats versteckt. Manchmal fand mein Vater Wochen später noch Bier im Heizungskeller oder im Steingarten.

Heute trinken teilweise sogar die Männer Prosecco oder Weißweinschorle, dafür unterhalten sie sich umso mehr. Doch weder über Geschlechtsteile noch über Fußball.

Meist geht es gleich zur Sache: »Und, habt ihr schon gedämmt?«, sagen sie, oder: »Macht ihr auch 'ne Dreifach-Verglasung?« oder: »Macht ihr das Dach gleich mit?«.

Auch getanzt wird nur noch sehr selten, die Wärmedämmung unserer Häuser ist viel zu wichtig geworden. Allein unser Freundeskreis hat meines Erachtens diverse Industriezweige gerettet.

Überall stehen geklonte Grüppchen herum, genau wie die musizierenden Indios in den Fußgängerzonen. Im Vorbeigehen hört man Fachausdrücke wie »18er Platten«,

»Leibung« und »Aufdachdämmung«. Und das Schlimmste ist, dass ich diese Wörter mittlerweile verstehe.

Deshalb gehe ich schnell in die Küche. Es gab Zeiten, da war die Küche das Herzstück jeder Party. Heute herrscht hier gähnende Leere.

Denn solange man isst, kann man sich nicht über Dämmung unterhalten. Ich stehe alleine in der Küche und stopfe Häppchen in mich rein. Im letzten Jahr habe ich sieben Kilo zugenommen. Wegen mir müssten wir nicht dämmen.

Nach dem Essen suche ich die Kiffergruppe. Die gibt es auf jedem Fest, sogar noch in unserem Alter. Die Jungs reden nicht viel, schon gar nicht über Dämmung. Eher über Dröhnung.

Ich sage: »Yo, man!«

Vielleicht geht ja doch ein Fußballgespräch, aber so sehr ich auch suche, ich bin der Einzige im Trikot.

»Wie tief habt ihr draußen in die Erde reingedämmt?«, erwischt mich André auf dem falschen Fuß.

»Dreißig Zentimeter, das ist Standard in Mitteleuropa«, reagiere ich routiniert, »da musst du fünfzig Zentimeter tief graben.«

Damit er keine weiteren Fragen mehr stellt, lege ich nach: »Unser Gerüst bleibt noch bis zum Frühjahr stehen, die Armierung und der Putz müssen noch drauf. Dann noch die Solaranlage. Nein, nur für Warmwasser, keine Photovoltaik-Anlage. Wenn wir fertig sind, werde ich 120 Kilo wiegen und drogenabhängig sein, aber in Therapie muss ich dann sowieso.«

Ich klinge ein bisschen unfreundlich, aber es klappt. André sucht sich eine andere Gruppe.

Mit einem locker flockigen »Wir dämmen nächsten Sommer!« klinkt er sich in die lustige Runde ein.

Ich stehe wieder alleine da, aber ich bin es eigentlich gewohnt.

Bevor wir gedämmt hatten, bekamen wir selten Besuch. Im Winter kam jeder nur ein Mal, und auch dieser Besuch war oft sehr ungemütlich. Es ist einfach nicht schön, wenn die Gäste zum Essen in der Daunenjacke dasitzen.

Gut, mollig warm war es nicht, aber man muss es uns auch nicht gleich so reindrücken.

»Ich habe einen nervösen Magen, gib mir lieber ein Bier aus dem Kühlschrank, kein zimmerwarmes«, sagten sie und gackerten dann minutenlang über den Begriff »zimmerwarm«. Zum Brüllen!

Zugegeben, es ist angenehm, wenn man die Suppe heiß vom Herd bis in den Teller bringt, und Mikado spielen geht ohne Fäustlinge auch besser, aber nicht alles war früher schlecht.

Die Wärme von unseren Heizkörpern zog direkt durch die Fenster in unseren Garten, der dafür dann auch im tiefsten Winter noch schneefrei war. Als Einziger im Landkreis.

Ach, wie neidisch waren die Nachbarn, wenn wir am dritten Advent unsere Kiwis pflückten. Herrlich!

Dafür können wir jetzt aufgrund der Dampfsperren mit dem Kondenswasser einen großen Teil der Zimmerpflanzen gießen. Hat was.

Die Umwelt freut sich auch und erst recht der Geldbeutel. Statt 120 Euro Heizkosten jetzt nur noch 40 Euro. Ich habe ausgerechnet, dass wir die Sanierungskosten schon in 108 Jahren wieder drin haben.

»Hey, Keidel, wie viel hat eure neue Haustüre gekostet?«, flüstert mir plötzlich jemand ins Ohr.

Ich erschrecke kurz, aber es ist nur Detlef, ein entschiedener Gegner des Dämmens.

Schon bevor das Dämmen modern wurde, fragte mich Detti auf jedem Fest, ob es das jetzt wohl gewesen sei: Familie und Sonntagsausflüge und unsere Scheißdoppelhaushälften.

Es ist wie ein Ritual. Ich sage dann immer »Ja, das war's«, und daraufhin betrinken wir uns, ohne noch mehr zu reden.

Heute jedoch will Detlef plaudern.

»Los, trink, du Schwein«, sagt er und gibt mir ein Bier.

Jetzt gesellt sich Tini zu uns. Andrés Frau, sie wird im Sommer dämmen.

Tini ist jedoch mehr so der Künstler-Typ. Ihr ist die Dämmung egal, Hauptsache, sie kann sie schön anmalen.

Auch sie ist frustriert von Klon-Gruppe zu Klon-Gruppe gegangen und hat sich danach Schnäpse reingezogen.

Sie spürt ebenfalls intuitiv, dass für sie das nächste Jahr in Sachen soziale Kontakte gelaufen ist. Ihr ist klar, dass sie sich, will sie nicht über Wärmeschutz reden, mit Detti und mir unterhalten muss.

Sie lächelt uns an und gießt sich noch einen Obstler in den Bierkrug.

»Ihr wart mir noch nie so nah!«, sagt sie mit Tränen in den Augen.

Und dann: »Ich glaub, ich geh heim.«

»Damned«, sagt Detti.

»Damned«, sage ich.

»Kiffen?«, fragt Detlef, ich nicke, und wir gehen nach draußen.

Das dauert ein bisschen länger als sonst, weil die Dämmung so dick ist.

Vor der Tür steht Breiti. Er nimmt trotz seines Namens keine Drogen, schaut aber dennoch glücklich aus. Ich stutze kurz, dann fällt es mir wieder ein. Er wohnt zur Miete.

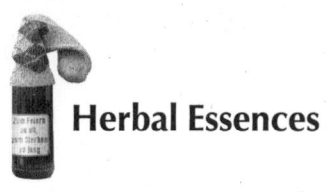# Herbal Essences

Es gibt wenig Schlimmeres als in der Badewanne zu liegen und die Lektüre vergessen zu haben. Aufstehen und Abtrocknen kommt nicht in Frage, also ist Langeweile angesagt.

Klar könnte ich an meinem überragenden Körper herumspielen, wenn er schon mal in seiner ganzen Astralität vor mir liegt. Aber ich widerstehe, ich habe keine Lust auf mich.

Deshalb glotze ich so vor mich hin. Ich sehe eine gelbe Entenfamilie, ein Playmobilboot mit Besatzung und einen Gummiwal, der innen hohl ist und vorne ein Loch hat zum Wasser ansaugen und rausspritzen. Aus dem Alter bin ich raus.

Ich nehme den Wal, fülle ihn mit Wasser und gebe den Enten Saures. Besonders den süßen Entenbabys. Weil ich so wütend bin wegen der vergessenen Lektüre. Das tut gut. Aber nur kurz, weil ich aus dem Alter raus bin.

Ich schaue mich weiter um. Aha, ein Gillette Mach 3. Ich denke kurz über eine Ganzkörperrasur nach, aber das gibt immer eine Riesensauerei, und das Nachwachsen juckt so.

Bleiben noch diverse Duschgels, Shampoos und Spülungen. Ich nehme ein Shampoo von Herbal Essences in die Hand. Wenigstens irgendetwas zum Lesen.

Ich beginne mit den Ingredients: Aqua, Sodium Laureth Sulfate, Sodium Lauryl Sulfate, Sodium Chloride, PPG-2

Hydroxyethyl, Citric Acid, Propylene Glycol, Benzyl Benzoate, CI 61570, Methylparaben, Polyquaternium 10 und so weiter.

Naja, nicht gerade ein Thriller. Ich drehe die Flasche um. Es ist ein Harmonie-Shampoo. Bestehend aus Kornblume, Aloe Vera und Kirschbaumrinde.

Ich beschließe spontan, den Leuten von Herbal Essences einen Brief zu schreiben.

Ich möchte mit »Ihr Arschlöcher« beginnen. Und ich will wissen, warum statt Kornblume, Aloe Vera und Kirschbaumrinde hinten auf der Flasche nur Wörter mit C, X und Y stehen. Und wie man darauf kommt, in ein Harmonie-Shampoo Kornblume, Aloe Vera und Kirschbaumrinde zu packen.

Ich stelle mir ein Meeting der Produktmanager vor. Fünf vierzigjährige Frauen mit hennafarbenen Haaren, Ledersandalen und selbstgehäkelten Kleidern.

»So, Kolleginnen, woraus könnten wir unser neues Harmonie-Shampoo machen?«

»Kornblume«, sagt eine, »Aloe Vera« eine andere.

»Ja, sicher«, antwortet die Moderatorin, »Kornblume und Aloe Vera sind klar, es geht eigentlich nur um den dritten Bestandteil.«

Jetzt machen alle Vorschläge wie Nelkenblütenextrakt, Knöterichsamen und Arnika-Kügelchen.

Und dann, wie aus dem Nichts, platzt es aus Esther-Kathinka heraus: »Ich hab's: Kirschbaumrinde!«

Die anderen schauen sie fassungslos an. Dann bricht der Applaus los, und ein neues Produkt ist geboren. Wahnsinn.

Ich kann es gar nicht abwarten, vor mein Blatt Papier zu kommen.

Vorher wasche ich noch schnell meine Haare. Lachend

schmiere ich mir das blaue Harmonie-Shampoo rein und verändere mein Leben.

Manche sagen, eine Krankheit, ein Lottogewinn oder ein Unfall hätten ihr Leben verändert. Bei mir war es Herbal Essences.

Schon während des Abduschens fühle ich mich gut. Eine wohlige Wärme breitet sich in mir aus. Ich lasse mich in die Wanne zurückgleiten, mein Geist und mein Körper werden eins.

Ha, ein Buch kommt mir nicht mehr in die Wanne, meine Gedanken werden mir fortan reichen. Außerdem will ich den Weltfrieden.

Ich verlasse das Bad. Im Flur steht meine kleine Tochter Luzie. Sie hat ihre Windel ausgezogen und die Wände braun beschmiert.

Normalerweise würde ich ausflippen, aber nach dieser Haarwäsche nehme ich sie in den Arm, küsse sie und helfe ihr dann, Yin und Yang auf die Tapete zu zaubern.

Meine Frau flippt aus, aber ich schicke sie zum Haarewaschen.

Ich muss sofort zum Drogeriemarkt. Ich will sie alle!

Eine Viertelstunde später und um 180 Euro ärmer bin ich ausgerüstet. Für mein neues Hobby: Haarpflege.

Als ich nach Hause komme, steht Anna leicht bekleidet im Türrahmen. Sie habe das Harmonie-Shampoo ausprobiert und danach die Kinder zu Oma gebracht.

Die nächsten drei Stunden verbringen wir im Schlafzimmer. Dabei kommt mir auch zugute, dass ich noch schnell das neue Volumen-Shampoo benutzt habe. Was so ein bisschen Ringelblume, Engelwurz und Thymian gleich ausmachen!

Um hinterher wieder in die Hose zu kommen, ist Natural Volume angesagt.

Ich sei ein ganz anderer Kerl, sagt Anna. Auch weil ich hinterher nicht gleich einschlafe, sondern ein paar Reparaturen im Haus erledigen will.

Ich habe einige defekte Glühbirnen gesehen. Ich zücke, ihr werdet es ahnen, das Leuchtkraft-Shampoo (Mandarinen-, Sternfrucht- und Papaya-Extrakte).

Danach gehe ich zum Fußball. Ich fühle mich zehn Kilo leichter, ich praktiziere Übersteiger, Fallrückzieher, No-look-Pässe, Lupfer und herrlich geschlenzte Bälle.

Meine Kumpels, die eigentlich wegen mir allesamt Schienbeinschoner tragen, fragen, was mit mir los sei.

»Ingweröl und chinesischer Zimt«, antworte ich.

Sie schauen mich befremdet an, aber mehr will ich nicht verraten. Vielleicht bringt mich das Geschmeidigkeits-Shampoo ja doch noch in die Bundesliga.

Da der Tag sehr heiß war, müsste ich normalerweise noch den Garten wässern. Nun stehe ich vor der Wahl: Rainforest-Flowers- oder Feuchtigkeits-Shampoo?

Ich nehme das Feuchtigkeits-Shampoo, weil das Rainforest-Flowers-Shampoo mit den Extrakten tropischer Blüten laut Werbung meine Lust auf sinnliche Verführung weckt. Und mein Volumen-Shampoo ist leer.

Überhaupt geht mir das perfekte Leben etwas auf den Keks.

Heute Abend werde ich mich mal wieder richtig betrinken. Aber erst gehe ich zum Vorglühen noch schnell unter die Dusche.

Mit dem Bier-Shampoo von Guhl.

Alter Schwede

Ich habe mir ja schon des Öfteren die Frage gestellt, wie man merkt, dass man alt ist.

Nick Hornby ist der Meinung, du seist alt, wenn dein Lieblingsspieler jünger ist als du selbst. Ich kann mich nur noch vage an die Zeit erinnern, als mein Lieblingsfußballer älter war als ich. Damals kostete das Benzin unter einer D-Mark oder Reichsmark, und der Verteidigungsminister brauchte noch keinen Doktortitel. Fußbälle waren noch aus Leder, und ich konnte noch selbst Fußball spielen *und* am nächsten Tag aufstehen.

Diese Zeiten sind vorbei. Die meisten meiner Lieblingsspieler sind mittlerweile tot.

Meinen Freund Murphy hat es vor ein paar Wochen erwischt. Nein, er ist nicht gestorben, er hat nur – kurz vor seinem vierzigsten Geburtstag – gemerkt, dass er alt ist.

»Scheiße, Keidel«, sagte er am Telefon, »ich bin alt! Ich habe gerade Radio gehört und eine Viertelstunde lauthals mitgesungen. Dann habe ich realisiert, dass Bayern 1 lief.«

Meine Frau, das junge Reh, macht sich immer lustig über uns alte Typen.

Aber das ist jetzt auch vorbei.

Es ist normal, dass Anna morgens etwas länger liegen bleibt, aber die Küchenuhr zeigt schon halb eins. Vielleicht sollte ich doch mal nach ihr schauen.

Sie liegt kerzengerade im Bett und wimmert: »Ich hab 'nen Hexenschuss, kannst du mir hochhelfen?«

»Ha«, lache ich, »einen Tag nach Toms Kindergeburtstag hast du einen Hexenschuss, du Lusche?«

»Du Lusche« denke ich mir natürlich nur, ihr Gesichtsausdruck zwingt mich dazu.

Dabei habe ich die Schatzsuche geleitet, ich habe mich von den elf kleinen Scheißern fesseln und von ihren Schwertern schlagen lassen. Am Abend habe ich zur Entspannung fünf Bier getrunken und bin trotzdem fit wie eine Gazelle.

Deshalb hieve ich Anna auch in Nullkommanix hoch.

Leider nur zehn Zentimeter, dann fährt mir der Schmerz in den Rücken.

Ich bin jetzt nicht so der typische Mann, der sehr empfindlich ist und zum Jammern neigt. Aber es fühlt sich an, als wären die elf kleinen Piraten von gestern zurückgekehrt, dieses Mal mit echten Stichwaffen, und hätten sie mir alle gleichzeitig in die Nieren gejagt.

Wie gesagt, ich bin echt keine Mimose. Ich will eigentlich nur sagen, dass ich gleich wieder okay bin. Tatsächlich sage ich: »Mimimimimimi.«

Unser Gejammer lockt die Kinder an.

»Müsst ihr sterben?«, fragt Tom.

»Nein«, sage ich, »Mama kommt wahrscheinlich durch, mich könnt ihr hier zurücklassen.«

Luzie fängt an zu weinen.

Oh Gott! Wir sind in den besten Jahren, und unsere Kinder haben Angst um uns, weil wir jetzt schon so gebrechlich sind.

»Luzie«, tröste ich, »du musst nicht weinen, wir sind eigentlich kerngesund. Aber du bist jetzt drei Jahre alt und solltest langsam erste Aufgaben im Haushalt übernehmen. Kannst du bitte das Mittagessen kochen? Tom, du gehst Holz hacken.«

Ihre Augen funkeln, dann rennen sie grölend runter. Kinder brauchen nur Aufgaben.

Nachdem sich Anna zur Genüge über mich lustig gemacht hat, quälen wir uns aus dem Bett und versuchen die Treppe runterzugehen. Naja, wobei, gehen ist vielleicht der falsche Ausdruck. Wir rutschen hintereinander Stufe für Stufe auf dem Po runter. Bob Deutschland 1.

Wir wissen nicht, ob die ganzen Schmerzen mehr vom Rücken oder vom Lachen kommen. Wir sind zu Karikaturen geworden.

Ich hatte schon früher manchmal Rückenprobleme, aber seit ich ein richtiges Bett habe, geht es eigentlich.

Meinen letzten Hexenschuss hatte ich vor fünf Jahren im Urlaub in Madrid. Da wartete ich unter höllischen Schmerzen bewegungslos vier Stunden auf den Arzt. Als dieser endlich das Zimmer betrat, blieb er im Türrahmen stehen, sah mich aus drei Metern Entfernung an und sagte: »Es un lumbago!« Und ging wieder.

Un lumbago? Lumbago, das hört sich an wie ein kleines, süßes Kaninchen.

Das ist doch kein Name für einen Hexenschuss. Ich finde »Hexenschuss« schon nicht angemessen. Treffender wären »Folterknecht« oder »Mordversuch«, aber egal.

Als Bob Deutschland 1 zwanzig Minuten später die fünfzehn Stufen überwunden hat, hat Luzie bereits den Tisch gedeckt und steht vor ihrer Spielzeugküche. Es gibt rohe Erbsen und rohe Nudeln. Nett gemeint, aber vielleicht ist sie doch noch nicht so weit. Tom ist auch wieder da. Holz hat er nicht gehackt, dafür hat er ein Stück aus der Holzterrasse gesägt. Wie süß!

Zum Glück haben wir zwei Sofas. Die Kinder kümmern sich rührend um uns. Leider haben sie KIKA eingeschaltet, und wir können nichts dagegen tun.

Ihnen gefällt's, zumal sie gerade die dritte Tafel Schokolade gekillt haben. Wenigstens verhungern sie heute nicht.

Während ich überlege, warum wir kein abschließbares Süßigkeitenfach haben, fällt es mir wieder ein: Ich muss heute die Filiale abschließen, meine Chefin geht ins Theater.

Es ist schon 18 Uhr. Wenn ich um 20 Uhr abschließen soll, muss ich los.

Erst tue ich mir ein bisschen leid, dann raffe ich mich auf. Allein das Aufstehen dauert mehrere Minuten. Anna lacht schon wieder.

»Sehr witzig«, sage ich. »Vor zehn Jahren hätte ich dich problemlos hochheben können. Dass es jetzt anders ist, liegt sicher nicht an mir. Außerdem musst du die Kinder nachher ins Bett bringen.«

Ich merke selbst, dass ich etwas ungerecht bin, aber die Schmerzen haben meine Geduld aufgefressen.

Kurz vor halb acht bin ich am OEZ-Parkplatz. Ich rechne kurz hoch. Meine Schrittlänge beträgt acht Zentimeter. Da ich für jeden Schritt zwanzig Sekunden brauche, werde ich so gegen zehn im Hugendubel sein.

Als ein gehbehinderter Rentner an mir vorbeizischt, rufe ich kurzerhand meinen Arbeitskollegen an und lasse mich mit dem Bücherwagen abholen.

Auch er lacht sehr.

»Warte mal, bis du in mein Alter kommst«, sage ich. Micha ist erst vierzig.

Um zehn Uhr bin ich wieder zu Hause. Ich hätte es etwas früher geschafft, habe aber sicherheitshalber noch ein Feierabendbier getrunken, damit die Kinder auf jeden Fall schon im Bett sind, wenn ich eintreffe.

Auch Anna ist schon eingeschlafen. So kann ich ihr das Heizkissen klauen.

Leider schlafe ich auf dem Kissen ein. Oder glücklicherweise, denn am nächsten Morgen ist der Hexenschuss zwar immer noch da, aber ich habe gut und warm geschlafen. Mein Rücken ist ungefähr achtzig Grad heiß.

Ich muss aufstehen, meine Blase will es so.

Dieses Mal rodle ich die Treppe runter. Ich kann mich nicht einfach so aufs Klo setzen. Zuerst muss ich mich am Fensterbrett hochziehen, das letzte Stück mit dem Kinn. Dann den Körper über die Schüssel hieven und ganz langsam runtergehen.

Plötzlich tut es einen Schlag, und ich liege am Boden.

Die Schmerzen sind weg.

»Schade«, denke ich, »jetzt bin ich querschnittgelähmt.«

Dann kann ich jedoch völlig schmerzfrei aufstehen und fühle mich auf einen Schlag dazu in der Lage, die hundert Meter wie früher in weniger als dreizehn Sekunden zurückzulegen. Na gut, sagen wir fünfzehn Sekunden.

Gutgelaunt hüpfe ich die Treppe hoch. Anna ist überrascht.

Ich nehme sie in den Arm.

»Magst du dein Frühstück am Bett, alte Frau?«, frage ich.

Nein. »Alte Frau« sage ich natürlich nicht.

Fett to France

Mit sechzehn habe ich ein Schuljahr in Frankreich verbracht. Meine Gastschwester Cécile war damals vier Jahre alt. Nun waren wir zu ihrem dreißigsten Geburtstag eingeladen. Ich könnte mit diesen Angaben jetzt mein Alter hochrechnen, aber ich mache es nicht.

Weil das Alter nicht mein einziges Problem ist. Mein zweites Problem ist schwerwiegender. Damals in Frankreich wog ich noch weniger als achtzig Kilo und war schon genauso groß.

Die meisten Partygäste hatten mich 25 Jahre nicht gesehen und erkannten mich erst an meinem Akzent.

Aber auch die, die mich erkannten, sprachen mich auf meine Figur an. Sébastien, mein Gastbruder, sagte mir, dass ich fett geworden sei. Im Französischen hört sich das nicht so krass an. Er sagte wörtlich, ich hätte einige Kilos genommen, aber er meinte, ich sei fett geworden.

Ja richtig, das ist genau der Sébastien, dem ich seinerzeit das Biertrinken und eine anständige Blutgrätsche beigebracht habe. Das ist nun der Dank!

Ich war kurz enttäuscht, dann stand aber schon Tante Marie-Claude vor mir. Sie schaute mich grübelnd an, bis ich ihr meinen Namen sagte und auf ihre Reaktion wartete.

Ich hoffte, sie würde antworten: »Ach, Volker, schön, dich zu sehen, vor allem weil du immer noch so gut ausschaust wie früher. Die Jahre sind spurlos an dir vorbeigezogen. Wie geht es dir?«

Insgeheim rechnete ich aber schon damit, dass auch in ihrem ersten Satz das Wort »Bauch« vorkommen würde.

Überraschenderweise sagte sie gar nichts. Sie prustete kurz los, dann blies sie die Backen auf und hielt ihre Arme fünfzig Zentimeter von ihrem Körper weg.

Auch meine Frau hatte ihren Spaß.

»Soll ich es dir übersetzen?«, fragte sie.

Sehr witzig, ich war am Boden zerstört. Der Abend war gelaufen. Alle stopften bretonische Köstlichkeiten in sich rein, ich aber traute mich nicht so recht.

Als ich später traurig ins Bett fiel, dachte ich, das Schlimmste überstanden zu haben.

Bis mein Gastvater Pierre-Yves am nächsten Abend den Laptop auspackte und wir uns die Bilder von der Geburtstagsfeier anschauten.

Er hatte bestimmt zweihundert Fotos gemacht. Da der Garten relativ klein ist und mein Körper relativ wuchtig, war ich leider auf mindestens fünfzig Bildern zu sehen.

Das war schlimm. Ich hatte als Garderobe ein rosafarbenes Hemd gewählt.

Fettes Schwein, nie hat dieser Ausdruck besser gepasst.

Ich war geschockt. Ich hatte zwar schon öfter unvorteilhafte Bilder von mir gesehen, aber das hier war die Höchststrafe.

Zum Dessert servierte Mircea, der Mann der zweiten Tochter Soazig, noch einige Schnappschüsse aus dem Schwimmbad. Ich war nur einmal kurz mit Luzie auf der Wasserrutsche gewesen, aber Mircea hatte eine ganze Serie geschossen.

Mir wurde schlecht, als ich mich in meinen roten HSV-Shorts sah. Weiß wie die Wand und die Figur einer Weißwurst. Meine Tochter war kaum zu sehen auf dem Bild, als neutraler Beobachter musste man Angst um sie haben. Das arme Kind! Im Wasserpark vom eigenen Vater erdrückt.

Auf den letzten Fotos der Serie konnte man mir dabei zusehen, wie ich aus dem Schwimmbecken stieg.

Die anderen sahen ab der dritten Aufnahme nur noch verschwommen, da sie Tränen lachten.

Meine Tränen waren echt. Und wieder ging ich traurig ins Bett.

Am nächsten Morgen war mir klar, dass ich mein Leben ändern musste. Ich machte mich fertig zum Joggen. Plötzlich standen Mircea und Soazig vor mir, sie wollten mich begleiten. Mircea läuft zwar regelmäßig, wollte sein Tempo aber anpassen. Er kenne da eine gemütliche Runde von acht Kilometern. Soazig sagte nichts. Aber hey, sie ist Lehrerin und Mutter und hat früher Ballett getanzt, ich dagegen habe in der Bezirksoberliga gespielt.

Es lief auch ganz gut. Mircea hielt sich zurück, Soazig konnte ich problemlos folgen. So problemlos, dass ich bei Kilometer vier übermütig wurde und Mircea zu einem Hundert-Meter-Sprint am Berg herausforderte. Ich schaffte den Sprint zwar, konnte danach aber kaum mehr atmen. Mircea konnte ganz normal sprechen. Er wirkte, als käme er gerade von einem Wellness-Wochenende.

Soazig dagegen fühlte sich von meinem launigen Sprint wahrscheinlich provoziert. Sie schloss wortlos zu uns auf und setzte sich vor mich. Dann steigerte sie stetig das Tempo.

Das hat sie zwar hinterher bestritten, aber ich würde es an ihrer Stelle auch nicht zugeben.

Mir tat jeder Schritt weh, zumal noch knappe vier Kilometer vor mir lagen.

Mein Puls fiel nicht mehr unter 160, während ich mitbekam, dass Mircea auf Soazig einredete, sie solle ein bisschen langsamer machen und auch mal an den deutsch-französischen Freundschaftsvertrag denken, er mache sich Sorgen um mich und so weiter.

Ich glaubte mich erinnern zu können, dass ich mich einmal negativ über Ballett als Sport geäußert hatte. Dass ich dann schon lieber Frauenfußball anschauen würde oder so etwas.

Viel konnte ich aber nicht denken, denn sämtliche Energie meines Körpers ging in meine Beine und in meine Atmung beziehungsweise das, was davon übriggeblieben war.

Ich redete meinen roten Blutkörperchen gut zu und versuchte, mich während des Laufens nicht zu übergeben, sondern mein T-Shirt auszuwringen, um ein paar Kilo weniger tragen zu müssen. Außerdem achtete ich darauf, dass meine Tränen direkt auf den Boden und nicht auf meine Kleidung tropften.

Mann, Wahnsinn, warum musste ich es so weit kommen lassen?

Ich kann doch auch jeden Tag zwei Stunden fernsehen. Warum kann ich da nicht jeden zweiten Tag eine Stunde laufen?

Man braucht keine Süßigkeiten, und man muss nicht zwingend zum Pokern zwei Tüten Chips in sich reinstopfen. Man kann sich in der Mittagspause statt eines Döners oder einer Fertigpizza auch mal einen frischen Salat holen. Das schmeckt zwar scheiße, aber man kann es machen.

Am nächsten Tag hatte ich eine halbe Stunde nach dem

Aufwachen die Treppe überwunden. Ich war ein wenig stolz, denn nur wer Muskeln hat, kann Muskelkater haben. Ich vermute unter meinem Kessel eh ein knallhartes Sixpack, schließlich ziehe ich seit mehr als fünfzehn Jahren den Bauch ein.

Auf meinem Frühstücksteller lag ein Schoko-Croissant.

»Kannst du ruhig essen, die sind nicht mehr so schlimm wie früher, auch Franzosen achten mittlerweile auf ihre Ernährung«, meinte Soazig.

»Was soll an den Teilen heute anders sein als früher?«, fragte ich, nachdem ich das Croissant gegessen hatte.

»Da ist nichts anders, wir essen sie nur nicht mehr«, erklärte sie und zwinkerte mir zu.

»Gut«, sagte ich, »dann esse ich heute nichts mehr, und morgen laufe ich euch in Grund und Boden.«

Zudem trank ich den ganzen Tag nur Wasser, obwohl Soazig den Cola-Vorrat im Kühlschrank aufgefüllt hatte. Diese Schlange. Und ich kaufte mir ein Laufshirt. In Giftgrün und eng anliegend, aber ich wollte keinen Schönheitspreis gewinnen, sondern nur mit Anstand und Würde acht Kilometer laufen.

Während die anderen Muscheln, Langustinen und Weißbrot mit Salzbutter speisten, aß ich 150 Gramm Nudeln und ging um neun ins Bett.

Wir wollten um halb acht am nächsten Morgen loslaufen, doch Mircea blieb gemütlich am Frühstückstisch sitzen. So ein Feigling.

Nein, sagte Mircea, er würde sich den Lauf durchaus zutrauen, aber er wolle am kommenden Wochenende einen Halbmarathon bestreiten und habe Angst, dass sich sein Körper zu sehr an das langsame Tempo gewöhne.

Stattdessen kam die Nachbarin mit. Sie war klein und alles andere als durchtrainiert. Ich hoffte auf einen Spaziergang, aber es kam wieder anders. Die Frauen liefen die erste Hälfte eher langsam, aber sicher war die Nachbarin eingeweiht, denn dann zogen sie das Tempo an. Und das Schlimmste – sie unterhielten sich die ganze Zeit. Ich hechelte hinterher, und die beiden tauschten Rezepte aus. Manchmal lachten sie. Sicher wollten sie mich lächerlich machen, *me ridiculiser*. Doch sie beachteten mich gar nicht. Nur manchmal, wenn ich ausspuckte. Keine Ahnung, warum Frauen beim Sport nicht ausspucken müssen, ich spuckte alle dreißig Sekunden. Ich fand mich selbst widerlich und hoffte inständig, dass die Nachbarin nicht adelig oder Benimmlehrerin sei.

Plötzlich zischte Mircea an uns vorbei. Er habe es sich doch anders überlegt, wolle die Runde aber zweimal laufen. Während des Überholvorgangs lief Mircea rückwärts.

Zehn Minuten später war der Albtraum vorbei. Ich war froh, dass uns Mircea nicht noch einmal überrundet hatte und dass ich noch lebte. Ich saß in der Dusche und wollte nie mehr aufstehen. Aber ich musste aufstehen, denn schließlich werde ich bis nächsten April trainieren, dann wieder in die Bretagne reisen und alle in Grund und Boden rennen. Und schlank werde ich sein, das kann sich jetzt noch niemand vorstellen.

 # Bierquälerei

Natürlich haben wir früher anders gefeiert. Da konnten wir uns tags drauf auch noch bewegen. Und wir hatten beim achten Bier nicht so ein schlechtes Gefühl, weil uns damals nicht täglich um 6:07 Uhr irgendwelche Kinder weckten, die Doktor Bibber mit einem spielen wollen.

Mit Wehmut erinnere ich mich an rauschende Partys. Das waren Zeiten, als ich noch nachts mit Klafke und Murphy »HSV« in den Schnee pinkelte. Oder an besseren Abenden auch mal »Hamburger SV e.V.«.

Oft denke ich an das Fest, bei dem in unserer schnuckeligen 55-Quadratmeter-Wohnung in Pasing um halb elf die zwölf Kisten Bier alle waren und wir zur Tanke mussten.

Ich will damit nicht prahlen, ich bin halt sehr stolz drauf.

Da muss man sich nur den Bierkonsum pro Quadratmeter ausrechnen.

Ich hab's gemacht: 2,15 Liter. In zwei Stunden! Pro Quadratmeter! Durchschnittlich! Und nicht auf allen Quadratmetern standen Jungs!

Gebt euch das mal. Wie geil ist das denn? Zwölf Kisten, leck mich am Arsch!

Plus Schnaps und Drogen. Der Hammer! 55 Quadratmeter geballte Feierlaune!

Da kann man nur sagen: Saugeile Typen! Auch vom Sexuellen her.

Teufelskerle.

Dieses Jahr ging's zum Törggelen nach Südtirol. 25 Erwachsene und gefühlte hundert Kinder. Wandern mit Weintrinken und am Abend Gesellschaftsspiele, geht's eigentlich spießiger?

Und das Schlimmste: So was gefällt mir mittlerweile. Zuschütten ist nichts mehr für mich, und Sex wird auch total überbewertet.

Am ersten Abend haben wir sogar bis drei Uhr getanzt und Bier getrunken. Nicht so wie früher, aber fünf Bier hatte ich bestimmt. 0,33er. Und nicht so kalt. Das vertrag ich vom Magen her nicht mehr.

Mit der Musik war's auch schwieriger. Drei Hobby-DJs mit extrem unterschiedlichen Geschmäckern lieferten sich einen veritablen iPod-Krieg. Ich glaube nicht, dass ein einziges Lied zu Ende gespielt wurde.

»Jetzt lass mich mal!«, war der häufigste Satz des Abends. Meine Musikwünsche wurden weitestgehend ignoriert.

Komisch. »Der Teufel und der junge Mann« von Paola oder »Bad Boys Running Wild« von den Scorpions sind doch echte Kracher.

Naja, ein paar Lieder haben mir schon gefallen. Bei »51st State« hab ich getanzt wie der Lump am Stecken, wie wir bei uns in Franken sagen.

Richtig wild getanzt. Auch nicht ganz so wie früher, einigen wir uns auf Pogo ohne Schubsen.

Alles in allem war es ein Spitzenabend, mehr ist in dem Alter nicht mehr drin.

Trotzdem ging ich etwas sauer ins Bett, weil Martin während »Überdosis G'fühl« von STS den Saft abdrehte.

Am nächsten Tag war ich ihm dankbar, denn mit drei Bier

mehr und zwei Stunden Schlaf weniger hätte ich unser gemütliches Törggelen wohl nicht überlebt.

Dieses Jahr hatte Heinzi, »die Lunge«, die Wanderroute festgelegt.

Wanderroute ist vielleicht etwas übertrieben. Wahrscheinlich hat Heinzi einfach alle steilen Berge im Umkreis von fünfzig Kilometern herausgesucht und festgelegt, dass wir jeden einmal hoch und einmal runtersteigen mussten. Steigen, weil von Gehen nicht die Rede sein kann. Schon allein wegen der ganzen Überhänge.

Da ich sonst Bergwanderungen mit maximal hundert Höhenmetern bevorzuge, kam es mir nicht zugute, dass meine faule Tochter Luzie ungefähr die ganze Strecke in der Kraxe sitzen wollte.

Bis zum Weintrinken beim Mittagessen ging es gerade noch, dann bewegte ich mich auf den restlichen 22 Kilometern nur noch wie in Trance. Beim ersten Anstieg hatte mein Muskel zugemacht. Nein, eigentlich alle.

Es ging immer weiter. Immer kam noch ein Kehre, noch ein kleiner Ort oder noch ein Sechstausender.

Wäre mir eine Wunschfee erschienen, hätte ich dieses Mal nicht die Meisterschaft für den HSV gewollt. Dieses Mal hätte ich mich für ein Sauerstoffzelt oder einen Platz zum Sterben entschieden.

Irgendwann gegen zehn war der Albtraum zu Ende. Ich saß im Gemeinschaftsraum, die Kinder waren im Bett und ich hatte ein Bier in der Hand. Immer wieder schlief ich während eines Gesprächs ein oder kippte einfach vom Stuhl. Wir hatten lustlos ein paar Liedchen geträllert, dumm dahergeredet und versucht, bei Bewusstsein zu bleiben. Nur Heinzi wollte noch in den Fitnessraum.

Ich wollte sofort ins Bett gehen, gab mir aber einen Ruck und bestellte auf Dettis Anfrage noch »a klenns Becksle«.

»A klenns Becksle« wurde das geflügelte Wort des Abends. Jeder trank dauernd noch a klenns Becksle, später wechselten wir auf klenne Augustinerli.

Bis um ein Uhr plötzlich kein Bier mehr da war.

Wir hatten sieben Kisten in zwei Tagen getrunken. Das sind zwar keine zwölf Kisten in zwei Stunden, aber eine überragende Leistung für die Liga, in der wir mittlerweile trinken. Ordentliches Quadratmeterverhältnis jedenfalls.

Ich konnte es nicht fassen und ging in den Keller, wo ich einen grausigen Fund machte.

Unter den leeren Bierkisten fand ich zwei volle. Erst freute ich mich, aber dann sah ich genauer hin. Green Lemon, Chilled Orange und der Gipfel der Geschmacklosigkeit: Beck's Ice.

Ich kannte das Gesöff noch nicht und testete es daher gleich im Keller.

Nachdem ich einen Schluck genommen hatte, musste ich sofort nachschauen, ob ich jetzt etwas getrunken oder mir ein Gletschereis-Bonbon in den Mund geschoben hatte.

Wahnsinnig ekelhaft!

Ich bugsierte die beiden Träger nach oben. Die Jungs waren begeistert.

Was folgte, war eine Viertelstunde fiesester Bierquälerei, dann wurde braingestormt. Knacki schlug vor, die Limo aus dem Bier herauszudestillieren, aber wir schafften es nicht. Auch Mäxchen-Spielen mit Strafsaufen wurde nicht ernsthaft in Erwägung gezogen.

Dann fiel Martin ein, dass André das Bier eingekauft hatte.

Die Sache musste sofort geklärt werden, zumal André schon um neun Uhr ins Bett gegangen war.

Wir stülpten uns weiße Kapuzen über den Kopf und besuchten ihn in seinem Zimmer. Als er den Grund unseres Besuchs erfuhr, lachte er. Kurz.

Bis wir ihn fesselten, auf einen Stuhl setzten und zwangen, das erste Green Lemon zu trinken.

»Schmeckt doch gut«, presste er hervor wie ein fahrradhelmtragender Liegeradfahrer.

Sechs Flaschen später sagte er nichts mehr. Jetzt war Beck's Ice dran.

Da André sonst hauptsächlich Blasentee und Rhabarberschorle trinkt, war er sehr schnell betrunken. Immer wieder schlummerte er weg.

Glücklicherweise hatte Rainer die gute Idee, André rücklings auf den Tisch zu binden und ihm in regelmäßigen Abständen Chilled Orange ins Auge zu träufeln.

Als der Morgen dämmerte und die beiden Kisten leer waren, bekannte sich André endlich schuldig und gab zu, dass er unseren Durst unterschätzt hatte.

Aber er verstand nicht, was ich mit 2,15 Liter pro Quadratmeter meinte.

Bella

Als ich klein war – damals, kurz nach dem Krieg – hatten wir ja keine Spielsachen.

Wir spielten Fußball mit ölgetränkten Lappen, die wir mit Grashalmen zusammenbanden. Wenn wir Glück hatten, bekamen wir vom Metzger eine aufgeblasene Saulunge zum Kicken. Meistens trieben wir einen alten Reifen mit Stöcken durch die staubigen Gassen. Auch Ballerspiele gab es damals schon. Dazu setzten wir uns Cowboyhüte auf oder steckten uns wahlweise Federn ins Haar. Wir versteckten uns hinter Hecken, schossen mit selbstgeschnitzten Gewehren und sagten: »Peng, du bist tot.«

Oft saßen wir stundenlang einfach nur starr in unserem Baumhaus und überlegten, was wir spielen könnten. Währenddessen rauchten wir, weil wir an richtige Drogen noch nicht rankamen.

Einmal veranstalteten wir einen Zehnkampf, mussten bei der Disziplin Hochsprung allerdings abbrechen, weil ich die 1,55 Meter zwar übersprang, aber leider die Matratzen verfehlte. Wenigstens für die anderen war der Notarztwagen eine willkommene Abwechslung in unserem tristen Leben.

Uns war so langweilig, dass wir freiwillig Hausaufgaben machten und den Rasen mähten.

Die Leidenszeit war erst vorbei, als die Mädchen dazukamen und wir an Geschlechtsteilen herumspielen konnten.

Aber vorher: nichts.

Alle reden von ihrer glücklichen Kindheit. Aber sie lügen.

Oder macht es etwa glücklich, sich mangels Alternativen eine Seifenkiste zu bauen und sich auf der Jungfernfahrt von Steuermann Udo in den Graben lenken zu lassen?

Oder Fangen zu spielen? Da sagen die Erwachsenen immer: »Schau, die Kleinen, wie sie herumtollen und Spaß haben!«

Aber sie bemerken nicht, dass nur alle bis auf einen Spaß haben. Der Langsamste hat keinen Spaß. Ich weiß das, ich war immer der Langsamste.

So ein Drecksspiel!

Genauso schlimm war für mich Verstecken. Weil ich so langsam war, mussten alle immer nur warten, bis ich in die Nähe ihres Verstecks kam, um mich dann locker zu überholen und sich freizuschlagen.

Einmal witterte ich meine Chance und suchte Ralf, der ein Gipsbein hatte und auf Krücken lief. Mir war klar, dass er an diesem Tag zu schlagen war, allerdings konnte ich ihn nicht finden. Am nächsten Morgen erzählte er mir auf dem Weg zur Schule, dass ihn seine Mutter zum Essen gerufen hatte und er deshalb heimgegangen sei. Ich machte ihm keine Vorwürfe, schließlich hatte ich dadurch drei Stunden lang eine Beschäftigung gehabt.

Boah, war das alles langweilig. Spaß hatten wir nur während ein paar Wochen im Herbst, wenn wir Passanten aus unserem Baumhaus heraus reife Äpfel an den Kopf werfen konnten. Das gab zwar manchmal Ärger und Schläge, aber wir hatten ja sonst nichts. Das Beste an dieser Zeit war eindeutig, dass es noch keine Fahrradhelme gab.

Alles änderte sich, als Ortwin eines Tages seinen neue Hündin Bella mitbrachte. Ein kleines, schwarzes Knäuel. Wir sind zwar in einem Dorf aufgewachsen, waren jedoch keine Bauern und kannten Tiere nur aus HSK, dem Heimat- und Sachkundeunterricht.

Dementsprechend glotzten wir auch, als Bella auftauchte.

»Ja«, sagte Ortwin, »das ist das Tier auf Seite drei im HSK-Buch!«

Wir brachten ihr Kunststückchen bei, sie liebte in Schnaps eingelegte Früchte und torkelte hinterher so süß, und sie verteidigte uns vor den Leuten, denen wir zuvor Äpfel aufs Auge gedonnert hatten.

»Ich möchte auch einen Hund«, eröffnete ich meinen Eltern.

»Einen was?!«, fragten sie. Ich öffnete meinen Schulranzen und zeigte ihnen das HSK-Buch.

»Bist du verrückt?«, wollten sie wissen. »Weißt du überhaupt, was so ein Tier kostet? Da braucht man Futter, eine Hundeleine und eine Hundehütte. Man muss ihn impfen lassen und Schadenersatz zahlen, wenn er jemanden beißt. Außerdem gehst du genau zwei Wochen mit ihm Gassi und danach bleibt das an uns hängen. Irgendwann stirbt er und alle weinen. Was soll das bringen?«

»Mensch Menno!«, sagte ich und ging heulend ins Bett. Ich war selbst überrascht, zu solch einem Gefühlsausbruch fähig zu sein.

Ich wusste wohl, dass mich so ein Hund aus der Lethargie reißen konnte und ich dadurch später einmal einen viel besseren Job als sagen wir mal Buchhändler würde ergattern können. Ich wusste, dass ich den Hund ganz alleine durchgebracht hätte mit den ganzen Äpfeln und dem ganzen Schnaps im Keller. Und Gassi wäre ich auch mit ihm gegangen. Dank der Hundeleine hätte er mir nicht davonlaufen können wie meine Freunde. Einmal täglich um den Block, das hätte gereicht bei meiner Geschwindigkeit.

Aber ich wusste auch, dass ich damit bei meinen Eltern auf Granit beißen würde.

Deshalb gab ich auf und wartete auf die Mädchen.

Die kamen dann irgendwann, und heute bin ich verheiratet und habe zwei Kinder.

Und die haben doch alles.

Tom hat fünf Star-Wars-Raumschiffe, drei Alben mit Star-Wars-Bildchen und mindestens vier Star-Wars-Bücher. Tom liebt Star Wars mehr als seine Eltern. Obwohl, momentan haben wir aufgeholt, weil wir ihm letzte Woche ein iPad geschenkt haben.

Luzie hat etwa 120 verschiedene Filly-Pferdchen. In einsamen Stunden begrüßt sie jedes mit Namen, und schon sind wieder zwei Stunden um. Danach geht sie mit ihrer Digitalkamera in den Garten und fotografiert mich aus dem Liegestuhl heraus beim Rasenmähen.

Tom ist im Fußballverein, Luzie macht Ballett und turnt. Die beiden haben nur Langeweile, wenn sie Hausaufgaben machen müssen oder wenn ich aus meiner Kindheit erzähle.

Ihr Leben ist so ausgefüllt, dass sie noch nicht einmal rauchen, obwohl sie schon fünf und acht Jahre alt sind.

Trotzdem standen sie eines Tages plötzlich vor mir und wollten einen Hund.

»Einen was?!«, fragte ich. »Wisst ihr, was so ein Hund kostet?«

»Geld ist nicht das Problem, sagt Mama«, sagte Luzie.

»Und wenn ihr nach einer Woche die Lust verliert, bleibt das Gassigehen an mir oder Mama hängen!«

»Höchstens an Mama, du bist viel zu langsam, sagt Mama«, sagte Tom.

»Ja, und dann stirbt er irgendwann und alle heulen!«

»Der Tod gehört zum Leben, sagt Mama«, sagte Luzie.

»Und der Hund wäre eine Art Projekt für uns, wir würden Verantwortung übernehmen und später mal einen guten Job bekommen«, sagte Tom.

»Du hast *sagt Mama* vergessen! Das sage ich dir!«

Langsam wurde ich sauer.

Sicher sollten es meine Kinder einmal besser haben als ich, aber doch nicht so viel besser.

Das Ganze sah nach einer Verschwörung aus, ich musste die Taktik ändern. Meine Kinder sollten lernen, was Demut ist.

»Lasst uns in den Garten gehen, wir spielen Fangen«, schlug ich vor.

Sie freuten sich wie kleine Kinder. Das waren sie von mir nicht gewohnt, sonst bin ich mehr so der langweilige Typ.

Und auch ich freute mich zum ersten Mal in meinem Leben auf Fangen spielen.

Ich traute mir durchaus zu, schneller als eine Fünfjährige zu laufen. Auch Tom konnte ich sicher fangen, schließlich hat er meine Gene.

Nach einer halben Stunde wurde es mir zu bunt. Immer wenn ich meine Hand ausstreckte, waren sie – schwupps – weg.

Ich beendete das lustige Spiel, indem ich einen Apfel nahm und Luzie an den Kopf warf. Ha, da war es wieder, das alte Gefühl!

Als Luzie auf dem Sofa lag und ihr Tom einen Kühlbeutel an die Schläfe presste, wurde ich weich. Eventuell war ich zu weit gegangen.

»Ich mach euch einen Vorschlag«, sagte ich. »Wir kaufen ein Aquarium, und ihr dürft euch ein paar Fische aussuchen. Ich würde mir langsame Fische wünschen, damit ich auch was davon habe. Oder wir bauen den ganzen Nacktschnecken da draußen ein Gehege.«

Sie schauten mich verständnislos an. Ein Witz, Kinder! Ein Wihitz!

»Na gut«, knickte ich ein, »aber es soll eine kleine, schwarze Hündin sein mit einem weißen Fleck am Rücken, damit wir eine Rückennummer reinfärben können. Und wir werden sie Bella nennen!«

Jubelnd fielen wir uns in die Arme. Ja, auch ich war glücklich.

Schließlich kann man auch mit 43 noch Karriere machen.

 # Mein erster Panasonic

1988 traf mich die Urlaubsende-Depression aus heiterem Himmel. War doch immer das Gleiche:

Die ganze Kohle ausgegeben, total fett, weil ich kein einziges Mal beim Joggen war, außerdem nix gelernt für den Schulendspurt. Wird also wieder verdammt knapp mit der Versetzung. Überhaupt Schule. Die kann mich mal! Und die Freundin daheim auch: Und? Wie war's? Warst du brav? Was hast du mir mitgebracht?

Oh Gott, jetzt kann nur noch der Straßenhändler helfen!

Und so nahmen die Dinge ihren Lauf.

Total in Ordnung war er, der braungebrannte Süditaliener mit Ray-Ban-Imitat auf der Nase und astreiner Schnecke im Arm.

»E, snelle noch Armband für Fräulein?«

»Ja, snelle, snelle, aber nix teuer, sonst kriegste Feuer, und nix verkaufe Dreck, sonst isse deine Lizenze weg!«, reimte ich in einem Anflug unglaublichen Humors.

Jaja, da lachte mein Freund Massimo und schenkte mir ein Bändchen meiner Wahl, weil ich so ein »lustige Kerl« sei. Ich nahm ein Band in den Farben meines Lieblingsvereins, wandte mich mit einem geheuchelten »Grazie« ab, um ein »dummes Arschloch« hinterherzuschicken.

Ich erschrak, als er mir freundschaftlich die Hand auf die Schulter legte.

»Du brauche Videorekorder?«

Tatütatatatütata … sämtliche Alarmglocken schrillten zeitgleich.

»Aufgehorcht, Massimo!«, sagte ich seelenruhig mit Puls 40, »ich bin ein aufgeweckter junger Mann, nächstes Jahr mache ich Abi, und zwar kein schlechtes, glaubst du wirklich, ich kaufe von einem italienischen Straßenhändler einen Videorekorder?«

»Warume nicht? Isse geklaut, aber isse egal daheim mit Freundin und geile Porno, e? Erst gucke!«

Mit flinken Fingern öffnete er seinen Kofferraum und gewährte mir einen Blick auf fünf originalverpackte Panasonic-Videorekorder und etliche Videokameras.

»Isse von Laster gefalle«, zwinkerte er mir zu.

»Wie viel?«

»Fünfhundert Marke.«

»Hab nur noch zweihundert, wir fahren in einer Stunde nach Hause.«

»Okay.«

»Warte kurz, ich hol das Geld.«

Ich sprintete ins Restaurant, wo meine Kumpels auf mich warteten, lieh mir zweihundert Mark und ging zurück.

Massimo war plötzlich total hektisch und wollte das Geschäft sehr schnell über die Bühne bringen. Das machte mich stutzig. Ich wollte nichts riskieren und ließ mir wie ein alter Hase eine Verpackung öffnen. Meine Sorge war völlig unbegründet, denn darin befand sich ein in Luftpolsterfolie mit »Fragile«-Aufkleber eingepackter, nagelneuer Videorekorder mit Fernbedienung und Gebrauchsanweisung, hinten war der Stecker zu sehen … geil, Deal perfekt.

Zurück im Restaurant, wollten mir die Jungs Angst machen.

»Da sind Drogen drin, die fahren dir hinterher, und nach der Grenze schlagen sie zu und holen sich alles zurück. Falls wir vorher nicht verhaftet werden.«

Ich blieb sehr cool: »Der ist geklaut, na und? In Deutschland krieg ich locker fünfhundert dafür.«

Je näher wir der Grenze kamen, desto weniger sprach und desto mehr rauchte ich. Am letzten Rastplatz vor dem Zoll hielt ich dem Druck, der fast schon unmenschliche Züge annahm, nicht mehr stand. Ich hielt an, riss hektisch die Verpackung inklusive »Fragile«-Luftpolsterfolie weg und schaute wie paralysiert auf meine Kumpels, die sich schreiend am Boden wälzten.

In meiner Hand hielt ich einen Panasonic-Videorekorder … aus Holz. Wie in Trance schnappte ich mir einen Schraubenzieher und öffnete die seltsam schwere Kiste aus Pressspan.

»Bitte lass wenigstens Drogen drin sein!«, flehte ich weinerlich, doch nicht einmal das war mir vergönnt. Damit die Kiste das Gewicht eines Videorekorders bekam, hatten die gemeinen Verbrecher zwei Tetra Paks Wasser hineingesteckt.

»Vielleicht ist es ja Heilwasser«, stieß Breiti gerade noch hervor, bevor er wieder vor Lachen zusammenbrach.

Haha, was für eine witzige Heimfahrt. Das waren keine wahren Freunde, sonst hätten sie nicht Sachen gesagt wie: »Kenwood hätte aber besser gepasst!« oder: »Ich hab noch einen Woody-Allen-Film daheim!« oder: »Er hat bestimmt einen hohen Brennwert!«

In den folgenden Wochen blieb ich hauptsächlich zu

Hause, während sich die Geschichte von meinem Super-schnäppchen wie ein Lauffeuer verbreitete.

Aber ich war wenigstens nicht allein in Deutschland mit meinem Kummer. Zwei Wochen später sah ich ungelogen in der Sendung »Vorsicht Falle« mit Eduard Zimmermann ein Ehepaar aus Sachsen mit exakt meinem Panasonic. Und die hatten 250 Mark dafür hingeblättert. Wie kann man nur so blöd sein?

 # Hochsensibel

»Findest du nicht, dass du gestern etwas unsensibel warst?«, fragt Anna beim Frühstück.

»Wieso unsensibel?«, sage ich, »ich war doch wie immer.«

»Eben«, sagt sie. »Mara war gestern da, weil sie Trost brauchte, schließlich hat Fritz mit ihr Schluss gemacht. Und du hast sie gefragt, ob sie nicht auch mal bei sich selbst nach Fehlern suchen wolle und dass sie in letzter Zeit ganz schön zugenommen hätte. Glaubst du, das hilft ihr? Siehst du, das meine ich mit unsensibel. Aber damit haben Männer deiner Generation ja eh ein Problem.«

Eigentlich will ich »Leck mich« sagen, gehe dann aber wortlos aus dem Haus. Am Ende würde sie sich nur bestätigt fühlen.

Männer meiner Generation, was soll das denn?! Als wäre sie achtzehn und ich hätte beide Weltkriege noch erlebt.

Schwamm drüber, ich bin sensibel. Heute das erste Mal bewusst.

Auf dem Weg zur S-Bahn begrüße ich alle, die mir entgegenkommen, per Handschlag und erkundige mich nach ihrem Befinden. Die meisten sehen mich verwirrt an und gehen einfach weiter. Sie können nichts dafür, es ist ihre Generation.

Dann kaufe ich einem kleinen Jungen, dessen Eis auf den

Boden gefallen ist, ein viel größeres neues und wische ihm die Tränen weg. Ich streichle ihm übers Haar und lächle ihm zu. Ich gehe erst weiter, als seine Mutter mit der Polizei droht.

Später in der U-Bahn gebe ich einem Rentner einen Zungenkuss. »Ja«, sage ich, als er mich konsterniert anschaut, »nicht alle jungen Leute sind Schläger.«

»Sie sind nicht jung«, erwidert er etwas unsensibel, »außerdem hätte ich lieber Schläge bekommen.«

Ich fahre nach Giesing und schaue nach Kindern in Löwentrikots. Ich gebe ihnen Geld, damit sie sich anständige Klamotten kaufen können.

Daraufhin helfe ich einer gebrechlichen Frau über die Straße. Dreimal … viermal … so gut bin ich.

In einem Straßencafé mache ich eine humanitäre Pause.

Eine reizende Bedienung, der ich selbstverständlich sage, wie unfassbar nett und zuvorkommend ich sie finde, bringt mir eine Latte macchiato. Sicher wäre ein Kamillentee für meinen sensiblen Magen besser, aber meine Latte am Morgen ist mir einfach wichtig. Aber was sage ich, eine Latte macchiato?!

Es ist ein kleiner Traum in Cappuccinobraun, der Milchschaum so zart, dass ich meine Seele darauf betten will. Das Getränk umgarnt meinen Gaumen, ich bin sensibel und glücklich. Glücklich, weil ich so sensibel bin.

So lange, bis das Unglück passiert. Eine elegante kleine Wespe stürzt in den Milchschaum. Um Himmels willen! Sofort schießen mir Tränen in die Augen, aber geistesgegenwärtig rette ich das süße Gottesgeschöpf mit meinem Löffel.

Zuerst glaube ich, sie würde nicht mehr atmen, glücklicherweise sind aber nur ihre putzigen Elfenflügelchen verklebt. Ich trockne sie durch sanftes Pusten.

Das Wespchen bedankt sich, indem sie mir beim Abflug mit Schmackes in die Oberlippe sticht. Ich verzeihe ihr sofort, sicher war es keine Absicht.

Nachdem ich der Bedienung zehn Euro für den Kaffee gegeben habe, mache ich mich auf den Weg zur Arbeit.

Dort übernehme ich während des gesamten Vormittages ausschließlich Aufgaben, auf die sonst niemand Lust hat. Man muss die Kollegen auch mal entlasten, gerade wenn man sich selbst so stark fühlt.

Gegen Mittag schnappe ich mir die *Gala*, die *Bunte* und die *Brigitte* und gehe in den Pausenraum.

Mmh, was gibt's denn heute? Oh, lecker Rohkost! Vollkornbrot, eine Karotte und dazu passend Karottensaft. Wie harmonisch.

Mein Magen lacht, meine Kollegen auch.

»Was soll das?«, fragt Micha, »sonst sitzt du doch immer bei Burger King und liest den *Kicker* und den Sportteil der *SZ*.«

»Ja«, sage ich, »es heißt ja auch nicht umsonst *der* Burger und *der* Kicker und *der* Sportteil und dagegen *die* Gala und *die* Bunte und *die* Brigitte und *die* Karotte. Aber um zu verstehen, was die Frauen so bewegt, muss man sich ab und zu diese Zeitschriften reinziehen. Und eine schlechtgelaunte Frau kann man auch besser verstehen, wenn man mal eine Karotte gegessen hat. Du, ich wollte mir eben noch eine Jeans kaufen. Hast du Lust, mich zu beraten?«

Er ist zu überrascht, um nein zu sagen. Heute möchte ich nicht hoppladihopp in fünf Minuten eine Hose kaufen, heute probiere ich im Laden sogar ein paar an. Ich möchte vor allem auch, dass der Farbton gut zu meiner Persönlichkeit passt. Weil Micha sich langweilt, zieht er auch eine

Hose an. In der *Psychologie heute* habe ich gelesen, dass man die Leute nicht immer so vor den Kopf stoßen soll.

Die Hose, für die er sich entscheidet, sieht total scheiße aus, doch ich höre mich sagen: »Für mich wäre sie nichts, aber dir steht sie.«

Der Nachmittag vergeht wie im Flug, weil ich mit allen Kollegen nacheinander Kaffee trinke und tiefe Gespräche führe. Es ist mir einfach zu oberflächlich, immer nur über Fußball und das Wetter zu reden. Ich erzähle aus meiner Kindheit, plaudere über Eheprobleme und berichte ausführlich von meiner Magen-Darm-Geschichte letzte Nacht. Irgendwie habe ich den Eindruck, dass alle schnell wieder in den Laden wollen. Sensibilität ist halt nicht jedermanns Sache.

Irgendwann kommt meine Chefin zu mir und schickt mich nach Hause. Ich hätte in den letzten Wochen zu viel gearbeitet und habe es verdient, einen schönen Nachmittag mit meiner Familie zu verbringen.

Ich glaube ihr kein Wort, weil ich in meinem Leben noch nie zu viel gearbeitet habe, verabschiede mich aber zehn Sekunden später. Vielleicht quatsche ich meine Kollegen in Zukunft öfters zu.

Für den Heimweg brauche ich über zwei Stunden, weil ich am S-Bahnhof Gröbenzell den Zeugen Jehovas in die Arme laufe. Ich höre ihnen dieses Mal zu, statt wegzurennen und dabei »Jehova, Jehova!« zu schreien. Nach dem Vortrag bin ich kurz davor, eine lebenslange Mitgliedschaft zu unterschreiben, entscheide mich dann aber doch dafür, ihnen den kompletten Bestand des *Wachtturms* abzukaufen und mich erst einmal in die Thematik einzulesen.

Daheim ist meine Frau etwas verwundert, freut sich aber

über die 150 roten Rosen, die ich ihr mitbringe. Nachdem auch die Kinder ihre Geschenke ausgepackt haben, dürfen sie die nächsten zwei Stunden gestalten. Papa steht zur freien Verfügung. Sie nehmen mich mit in den Garten und fesseln mich an einen Baum. Zuerst steckt mir Tom mittelgroße Kieselsteine in die Nase, später fährt mir Luzie mit dem Kettcar dreimal über die Knöchel. Hach, wie kreativ die kleinen Racker doch sind, wenn man sie lässt.

Ich schleppe mich wieder hinein, bereite ein kleines Vier-Gänge-Menü zu, putze kurz das Haus durch und erledige unsere Korrespondenz.

Danach rufe ich alle Freunde und Verwandten an, die ich in letzter Zeit vernachlässigt habe. Ich sage ihnen, dass ich sie lieb habe.

Kurz vor Mitternacht nimmt mir Anna den Hörer aus der Hand: »Findest du nicht, dass du etwas zu sensibel auf meine Kritik reagiert hast?«

»Sehr sensibel!«, sage ich. »Sehr sensibel!«

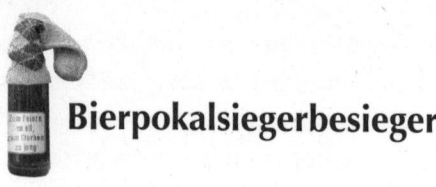 **Bierpokalsiegerbesieger**

Woran erkennt man, dass auf einem Bolz-platz ein Freizeitturnier stattfindet, bei dem hauptsächlich Leute um die vierzig mitspielen?

Richtig, am Krankenwagen, der ab 8:30 Uhr auf dem Parkplatz steht. Und an den mies gelaunten Sanitätern, die darin sitzen. Sie sind mies gelaunt, weil sie wissen, dass sie wieder jede Menge Arbeit bekommen.

Mein Lieblingsturnier, der Fürch-Cup, beginnt zwar erst um neun, aber nach den Erfahrungen der Vorjahre weiß man, dass schon nach dem Warmlaufen die ersten Muskel-faserrisse zu behandeln sind.

Ich habe dieses Jahr wieder mitgespielt. Vielleicht das letzte Mal. Es macht einfach nicht so viel Spaß, wenn man keine Chance mehr hat, das Ding zu gewinnen. Mich je-denfalls macht das traurig. Mir fehlt der Wanderpokal in unserer Küche sehr, seit einigen Jahren schon.

Der steht jetzt seit zwei Jahren in irgendeiner Studenten-WG. Die Jungs heißen »Zua Bulls« und waren wie ich auch schon beim ersten Turnier 1998 dabei. Damals waren wir Ende zwanzig und die Bulls um die fünfzehn.

Wir konnten sie beliebig abschießen. Wir, das waren Dingo, Bazi, Steve, Knacki, Breiti, Fels, Blacky, Steini, der Funks Andi und der Keidels Volker. Was für eine Truppe! Es liest sich wie ein »Who is Who« des unterfränkischen und des Laimer Fußballs. Wir konnten es uns sogar leisten, Detti ins Tor zu stellen und Murphy etwas Spielzeit zu gönnen.

Heute könnten sie uns locker weghauen. Das haben sie auch getan. Ich habe links hinten gespielt und die Bulls hatten auf rechts einen Typen wie Arjen Robben. Nur nicht ganz so schnell, dafür etwas untersetzt und angetrunken.

Ich wusste jedes Mal, dass er nach innen ziehen und trocken abziehen würde, konnte es aber kein einziges Mal verhindern. Je nach Lust und Laune tunnelte er mich zusätzlich.

Ich kam mir von Spiel zu Spiel älter vor. Klar, war ich auch, aber nach dem letzten Spiel waren sechs Stunden vergangen, keine dreißig Jahre. Trotzdem fragte ich die Sanitäter, ob sie mir notfalls eben einen Bypass einpflanzen könnten.

Aber auch sie sahen erschöpft aus.

Eine herausgesprungene Kniescheibe, ein Kreuzbandriss und ein Handbruch waren die traurige Bilanz des lustigen Freizeitturniers.

»Warum müsst ihr alten Deppen auch noch Fußball spielen?!«, war der Tenor des Abends.

Wir waren eh schon geknickt, weil wir nicht mehr mithalten konnten – da muss man doch so etwas nicht aussprechen. Total unsensibel.

Zur Siegerehrung musste ich stehenbleiben, weil mir beim Sitzen ein Krampf nach dem anderen in den Oberschenkel schoss.

»Ich wusste gar nicht, dass du da noch Muskeln hast«, sagte meine Frau, und die Bulls lachten, bis sie mein Gesicht sahen. Danach holten sie sich alle zu gewinnenden Pokale ab. Je einen für den Turniersieg, für den besten Spieler und den besten Torwart des Turniers und zu allem Übel auch noch den Bierpokal.

Da es sich um ein Charity-Turnier handelt, wird auch die konsumträchtigste Mannschaft ausgezeichnet. Ich war sehr neidisch, als MC Kausler, der Moderator, die Strichliste der Bulls vorlas: sechs Liter Cola und 53 *Mass* Bier.

Ich wollte sie wegen der Cola hänseln, bis sich herausstellte, dass sie die nur zum Strecken von Whiskey gebraucht hatten. Wie ekelhaft.

Unsere Mannschaft brachte es auf achtzehn Wasser, zwölf Radler und fünf *Mass* Bier.

Immerhin, fünf *Mass* Bier, mag man denken. Aber allein drei davon hatten wir an die Bulls ausgeben müssen, weil wir beim Kickern verloren hatten.

Ich nahm mir vor, mich während des Konzerts am Abend zu betrinken, aber ich war zu enttäuscht. Ich ging lieber früh nach Hause und löste mir eine Magnesium-Tablette auf. Kurz überlegte ich, mir altersgemäß einen Rosamunde-Pilcher-Film oder den Grand Prix der Volksmusik anzuschauen, legte mich aber doch lieber ins Bett.

Es wurde eine lange Nacht. Nicht, weil ich meiner Frau bewiesen habe, wie knackig und wendig ich noch sein kann, vielmehr weckten mich die Krämpfe und Träume immer wieder auf.

Immer wieder träumte ich vom Krankenhaus: Ich hatte mich beim Turnier verletzt. Bei einer Rettungsaktion – Robben hatte mich vorher schwindelig gespielt – war ich gegen den Pfosten geknallt und hatte mir das Schienbein sauber durchtrennt.

Das erste Mal wachte ich auf, nachdem ein Arzt namens Felix Bonke mit versteinerter Miene an meinem Bett gestanden und mir erklärt hatte: »Tja, Herr Keidel, ich glaube, es würde sich nicht mehr lohnen, Sie noch einmal nach Hause zu lassen. Der Bruch ist so kompliziert, das wächst in Ihrem Alter nie mehr zusammen. Wir haben Sie während der Narkose gleich hierher ins Wohnheim *Letztes Geleit* bringen lassen. Hier kann man Sie optimal versorgen, und sonntags dürfen Sie sogar Besuch empfangen. Wenn Sie etwas brauchen, drücken Sie einfach auf den roten Knopf.«

»Sagen Sie mal«, antwortete ich, »Altersheime sind doch sehr teuer, das kann ich mir gar nicht leisten.«

»Machen Sie sich keine Sorgen, Herr Keidel!«, entgegnete er. »Wir haben mit Ihrer Frau gesprochen. Sie meinte, sie würde das Geld schon irgendwie zusammenkratzen. Notfalls würde ihr neuer Freund einspringen.«

Vor dem zweiten Aufwachen besuchten mich meine Kinder.

»Mach dir keine Sorgen, uns geht es gut«, sagten sie. »Du hast dir doch immer gewünscht, dass es uns mal besser geht als dir. Das ist jetzt so. Die Allianz hat deine Lebensversicherung im Voraus ausgezahlt, weil die Zinsen gerade so günstig sind und es sooo lange ja nicht mehr dauern kann, und dann, Papa, Überraschung, haben wir uns das schöne Steinhaus in dem bretonischen Fischerdorf gekauft, das dir immer so gut gefallen hat! Was sagst du jetzt?!«

Plötzlich weckt mich meine Frau: »Steh auf, Volker, du hast doch heute Frühschicht!«

Mist, gerade wollte ich auf den roten Knopf drücken, um mir von dem unterbezahlten Pfleger das »Frühstücksfernsehen« einschalten zu lassen.

Dann bin ich aber doch froh. Froh darüber, dass ich zum nächsten Fürch-Cup noch einmal die besten Fußballer einladen kann, die ich kenne. Ich werde uns unter dem Namen »Frankengötter« anmelden und vielleicht sogar mir etwas Spielzeit gönnen. Und mir danach den Cup noch einmal in die Küche stellen. Vielleicht auch den Bierpokal.

Marktwertanalyse

Letzten Samstag wollte ich es wieder einmal wissen. Es wäre falsch, von einer Art Midlife Crisis zu sprechen, ich wollte rein interessehalber meinen Marktwert testen. Den ich relativ hoch einschätzte.

Gut, ich bin über vierzig, aber ich zog Turnschuhe und Fußballtrikot an. Ein weites Fußballtrikot. Ein Old-School-83er-HSV-Trikot. Das ist zeitlos schön, das kann nicht unmodern werden. Haare ein bisschen hochgegelt und Kontaktlinsen rein – ich hätte für 29 durchgehen können.

Ich wollte auch keine abschleppen, die Mädels sollten nur ein bisschen ihre Zungen raushängen lassen und sich die Finger lecken. Nicht mehr und nicht weniger.

Und dann, wenn sie mich mit nach Hause nehmen wollten, würde ich sie noch etwas zappeln lassen und dann »nein, Schätzchen« sagen.

»Nein, Schätzchen«, würde ich wie gesagt sagen, »ich kann dein Begehr durchaus nachvollziehen, schließlich habe ich mich vor dem Weggehen im Spiegel gesehen, aber ich habe eine tolle Frau und zwei süße Kinder daheim. Ich würde drei Menschen betrügen, und weil mein Charakter meinem Aussehen in nichts nachsteht, kommt das für mich nicht in Frage.«

Das würde sie umhauen, wahrscheinlich würden sie sich daraufhin noch um eine Nuance mehr verlieben. Uner reichbare Männer sind unglaublich faszinierend. Ach, wie ich mich freute.

Als i-Tüpfelchen band ich mir meine Muschelkette aus dem Südfrankreich-Urlaub 89 um den Hals, damit meine braune Haut besser zur Geltung kam. Normalerweise stehe ich nicht so auf Solarien, aber ich gehe ja nicht jede Woche weg. Die Erinnerung an die gierigen Blicke der Frauen sollte mich schließlich über die drei nächsten Winter bringen.

Jetzt noch einen Duft aufsprühen, und es konnte losgehen.

Breiti klingelte. Auch er war gut vorbereitet, sah blendend aus. Unwillkürlich musste ich an die gute alte Zeit denken. Naja, an Bruchstücke der guten alten Zeit. An viele der Abende in der Tanzarena Bergtheim konnte ich mich bereits am nächsten Tag nicht mehr erinnern. Schuld daran war der Doppeldecker, der Vater aller Flatrate-Partys.

Auch damals waren wir modisch schon topp aufgestellt. Karottenjeans, Buffalo Boots und neonfarbene Elho-Jacken, wie hätten sie uns widerstehen sollen.

Während ich darüber nachdachte, wo eigentlich meine Elho-Jacke abgeblieben war, schlenderten wir zur S-Bahn. Ohne Hast öffneten und tranken wir unser Fahrbier. Was sollten wir die jungen Dinger jetzt schon verrückt machen, der Abend würde lang werden.

Zuerst gingen wir in Murphys Kneipe. Murphy, der dritte im Bunde, der früher in der Tanzarena wilderte.

»Wie schaut ihr denn aus?«, lachte uns Murphy aus, »ist irgendwo ne 80er-Party? Geil, ne Muschelkette! Hab ich das letzte Mal gesehen, als Frank Elstner noch *Wetten dass …?* moderierte.«

Ich rechnete kurz nach und nahm die Kette ab. Murphy

arbeitet im Nachtleben und hat die Zeitschrift *GQ* abonniert, von ihm konnte ich Mode-Vorschläge annehmen.

Sprizz trinke man zurzeit in München, ließ uns Murphy wissen, ich konnte ihm jedoch nach mehrminütiger Diskussion ein Bananenhefe aus dem Kreuz leiern. Kein Doppeldecker wie in der Tanzarena, aber immerhin.

Breiti drängte nach einem Getränk zum Aufbruch. Mit Prosecco-Trinkern wollte er nichts zu tun haben. Ich auch nicht, außerdem krähte hier kein Hahn bzw. Huhn nach uns.

Wir wollten in die Diskothek und konnten uns auf das »Café Muffathalle« einigen. Das kannten wir noch von früher, das würde ein Heimspiel werden.

»Kann ich bitte eure Ausweise sehen?«, sagte der Türsteher, dann schaute er seinen Kumpel an und beide schrien vor Lachen. Sehr witzig!

»Jetzt kommen sie schon zum Sterben hierher«, murmelte einer, als wir reingingen.

Etwas unter Schock bestellte ich zwei Sprizz. Ich vermutete, dass sie kein Bananenhefe im Sortiment hatten, schließlich bin ich nicht in den Achtzigern stehen geblieben.

Breiti weigerte sich Prosecco zu trinken und bestellte ein Pils. Ich versuchte, das Mega-In-Getränk an vier verschiedene Frauen zu verschenken, aber alle winkten ab. Als es mir zu blöd wurde, kippte ich beide auf ex und holte mir auch ein Bier.

Weil Breiti tanzte, schaute ich mich um, wen ich um den Verstand flirten konnte. Komischerweise stand ich während meines Streifzuges nicht wirklich im Mittelpunkt der Aufmerksamkeit.

Keine fragte mich, ob sie mir ein Getränk ausgeben könne oder ob ich ihr den nächsten Tanz freihalten würde. Seit ich vor ein paar Jahren die Axe-Werbung gesehen habe, träume ich davon, eine Frau würde sich mir in den Weg stellen und »Bom chicka wah wah!« schreien. Aber nix.

Ich entschied mich, das Heft selbst in die Hand zu nehmen. Ich war echt charmant, sagte Sätze wie »Unterhältst du dich bitte mit mir?« oder »Stellst du dich ein bisschen neben mich? Du musst dich auch nicht mit mir unterhalten.«

Ich hatte fast den Eindruck, als schüttelten sie etwas mitleidig die Köpfe.

Ich gab auf, holte Breiti an die Theke und bestellte Schnäpse. Dann lief es eigentlich wie immer. Wir erzählten von früher und bestätigten uns gegenseitig, dass wir damals richtig Betrieb gemacht hätten.

Ha, Prosecco-Aperol, das wäre uns nicht ins Glas gekommen.

Zwei Stunden später, als meine Depri-Phase begann, hielt ich eine am Arm fest.

»Kannst du mir bitte erklären, warum hier kein Mädchen mit uns spricht?«, blaffte ich sie an.

»Ja, ich glaube schon«, antwortete sie. »Zunächst seid ihr fett und seht scheiße aus. Dann schau dir mal eure Kleidung an, irgendwie erinnert ihr mich an den Film *Zwei Nasen tanken Super*. Fehlen nur noch Cowboystiefel, Schnauzer und ein Weißbier und fertig sind die Fußballvereinsproleten.«

»Kennst du Bananenhefe?«, wollte ich wissen.

»Nein«, sagte sie, »aber ich war noch nicht fertig. Ihr Typen verpasst einfach immer den richtigen Zeitpunkt. Vielleicht wart ihr früher bei euch in der Prärie angesagte Jungs, aber ihr könnt einfach in eurem Alter in der Stadt nicht mehr in einen Club gehen. Ihr könnt euch mit uns nicht mehr unterhalten. Ihr seid nicht witzig, ihr versteht uns nicht, und wir wollen eure dämlichen Geschichten von früher nicht hören.

Das ist aber ein Problem von euch Männern generell. Opas über 75 glauben ebenfalls, noch Autofahren zu müssen, und am Abend wundern sie sich dann über das viele Blut am Kühlergrill. Und Lothar Matthäus hätte es sich einfach verkneifen müssen, mit 38 noch Fußball zu spielen.«

»Ich hab schon mit 33 aufgehört«, warf ich stolz ein.

»Dann besteht ja Hoffnung«, fand sie. »Wenn ihr euch jetzt noch von Diskos fernhaltet und eine Typberatung macht, ist alles in Butter. Oder ihr geht einfach auf diese Ü-40-Partys, da seid ihr unter euch, da braucht euch nichts peinlich zu sein. Viel Spaß noch.«

Breiti und ich schauten uns an. Ich zog ernsthaft in Betracht, mir auf dem Klo eine Überdosis Sprizz zu geben, doch dann wollten wir beide ganz schnell heim.

Als ich draußen auf Breiti wartete und an meine 330-Mark-Cowboystiefel mit den Eisenbeschlägen dachte, sprachen mich zwei Zwanzigjährige an.

Na also.

»Bist du Lillis Papa? Lilli hat gesagt, er würde uns vielleicht nach Hause fahren.«

»Nein«, sagte ich kraftlos, »mein Papa holt mich auch ab.«

»Hast du den gehört? Was für ein Spinner! Endkrass!«, sagte eine.

Worauf die andere erwiderte: »Nix endkrass, Enddreißiger!«

Geil, schon wieder jünger geschätzt worden!

Fahr Bus und Bahn

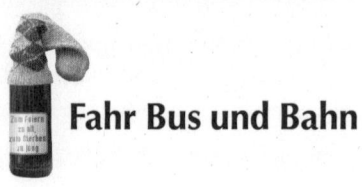

Nach der WM war es mir ein sehr großes Bedürfnis, mich bei meiner Frau zu bedanken. Dafür, dass sie mir während der Spiele den Rücken freigehalten hat. Sie hat sich um die Kinder gekümmert, Bier eingekauft und eingeschenkt und Grillfleisch aufgelegt.

Deshalb sollte sie mal ein Wochenende ausspannen. Ich hatte Wellness-Gutscheine für sie besorgt und das Haus noch einmal durchgeputzt.

Das Wochenende wollte ich mit den kleinen Rackern bei meinem Vater in Würzburg verbringen.

Das alles ist gelogen. Tatsächlich hatte ich eine Lesung in Würzburg, und Anna musste arbeiten, also hatte ich die Kinder am Hacken. Ich kenne meine Kinder ganz gut und hatte deshalb große Angst vor dem Wochenende. Aber warum eigentlich? Wir würden kurz mit dem Auto nach Würzburg heizen, und dort würden sich mein Vater und seine Freundin Josefine um die Zwerge kümmern. Währenddessen könnte ich schön mit meinen Würzburger Kumpels ausgehen.

Die Lesung sollte um neun beginnen, also hätten wir bei etwa 35°C losfahren müssen, denn für unseren kleinen Ausflug hatten wir ausgerechnet den heißesten Tag des Jahres erwischt. Da die Klimaanlage unseres Passats schon seit der EM in Portugal nicht mehr funktionierte, wäre es auf der Fahrt eventuell ungemütlich geworden. Selbst mit den

Käpt'n-Sharky-CDs eins bis vier. Außerdem war ich wegen der WM noch nicht dazu gekommen, die Sommerreifen aufzuziehen, und aus dem Motor tropfte Öl.

Mir war etwas mulmig zumute. Dann hatte ich jedoch eine großartige Idee.

Ich stellte mir vor, wie wir innerhalb von nur zwei Stunden gemütlich im klimatisierten ICE nach Würzburg düsen würden! Anna lächelte, als sie uns an der S-Bahn ablieferte. Im Gegensatz zu mir stellte sie sich wahrscheinlich vor, wie ich mit zwei Kindern, zwei Kindersitzen, zwei Taschen und einem Spielzeugkoffer versuchte, in siebzehn Minuten von der S-Bahn zum ICE zu kommen. Auch die Fahrkarte, die blöde Sau, wollte noch gekauft werden.

Und da bin ich ganz ehrlich: Ohne die Unpünktlichkeit der Bahn hätten wir es nicht geschafft.

Wir erwischten tatsächlich ein leeres Abteil, und erschöpft ließ ich mich in den Sitz sinken. Die Kinder sahen nicht erschöpft aus, als sie den Inhalt des Spielzeugkoffers auf dem Tisch ausschütteten.

Kurz darauf öffneten zwei etwa 35-jährige gutaussehende Geschäftsfrauen in schicken Kostümchen die Tür und traten ein. Ich war skeptisch und fragte mich, ob sie ihren Entschluss nicht bereuen würden.

Ich konnte die beiden leider nicht warnen, denn Tom und Luzie unterhielten sich lautstark. Ohne Pause, das haben sie von ihrer Mutter.

Mir war jetzt schon heiß, obwohl die Klimaanlage wider Erwarten lief. Diese Kraftanstrengung war jedoch zu viel für den armen ICE, weshalb er nach einer Viertelstunde irgendwo auf einem Feld stehenblieb. Für geschätzte fünfzig und gefühlte fünfhundert Minuten.

Ich versuchte, die Zeit zu überbrücken, indem ich die Brotzeittasche öffnete.

»Brotzeit! Brotzeit! Brotzeit ist die schönste Zeit!«, schrie Tom.

»Brotzeit! Brotzeit!«, variierte Luzie.

Dann fraßen sie wie die Scheunendrescher. Alle drei Minuten schrie Tom »Apfel!« oder »Duplo!« oder »Fleisch!«. Luzie wiederholte brav.

Die beiden Damen schauten mich erstaunt an.

»Von mir haben sie das nicht!«, sagte ich ungefragt und zog meinen Bauch ein.

Nach dem Essen wurde Luzie müde. Wenn sie müde wird und nicht schlafen kann, benimmt sie sich wie eine Volltrunkene. Sie lallt, schreit und wälzt sich am Boden. Ich hob sie immer wieder auf, und sie ließ sich immer wieder fallen.

Dabei zog sie mal ein Puzzle, mal dreißig Playmobilfiguren mit in die Tiefe. Dazu lachte sie in der Lautstärke eines ICE. Wenn er fährt.

Ich war klitschnass geschwitzt, auch die Damen konnten sich nicht recht auf ihre Laptops konzentrieren. Auch weil Tom sie immer wieder zuklappte.

Ich entschuldigte mich im Dreißig-Sekunden-Takt.

»Lassen Sie die beiden doch, die sind so süß!«, hatten die Frauen anfangs gesagt, jetzt nicht mehr.

Jetzt machte Luzie wieder Stimmung wie in der Fankurve.

»Schlaf, Kindlein, schlaf!«, skandierte sie. »Mein Vater ist ein Schaf, meine Mutter ist ein Trampeltier, was kann denn das Kind dafür?«

»Schlaf jetzt, Luzie!«, sagte ich, und überraschenderweise beruhigten sich wirklich alle ein wenig. Luzie zerpflückte Pixi-Büchlein, ich trank ein Bier, und Tom stand plötzlich auf.

Dann ging er wortlos zur Hübscheren der beiden und setzte sich auf ihren Schoß. Mein Sohn! Ich war zwar stolz auf ihn, hatte aber trotzdem kein gutes Gefühl. Tom machte es sich gemütlich und drehte sich zu der anderen Frau um.

Auch ich hatte die großen Muttermale in ihrem Gesicht schon gesehen.

Nein, er würde nichts sagen, so ist er nicht drauf, so ist er nicht erzogen …

Tom fixierte sie.

»Du hast da zwei riesige Warzen im Gesicht.«

Oh Gott, dachte ich und suchte den Boden nach Playmobilmännchen ab.

»Das sind keine Warzen«, erklärte die Frau höflich, »das sind Muttermale. Schau mal, du hast da auch zwei kleine am Hals.«

Gut gekontert, Tom schien es dabei zu belassen.

Doch dann fügte er hinzu: »Na, hoffentlich werden die nicht so groß wie deine.«

Den Rest der Bahnfahrt verbrachte ich auf dem Flur. Ich weiß nicht, was die beiden Süßen noch alles im Abteil veranstaltet haben, aber beim Aussteigen hörte ich hinter uns Sektkorken knallen und sah eine *La Ola* durchs Abteil schwappen. Dann rief ich Anna an mit dem Auftrag, unverzüglich das Auto in die Werkstatt zu bringen.

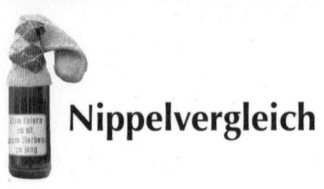 **Nippelvergleich**

Eigentlich wollten wir uns um drei vor dem OEZ treffen. Um 15:20 Uhr kommt Basti endlich aus der U-Bahn. Die zwanzig Minuten hat er mit Sicherheit im Bad gelassen, so aufgebrezelt wie er ist. Sonnenbrille, Frisur, Jeans – alles sitzt perfekt. Er hält es nicht für nötig, sich zu entschuldigen, fragt mich stattdessen: »Bist du auch so spitz?«

Ich hatte vergessen, dass Basti jedes Jahr im Frühling diese Phase durchmacht. Ich finde zwar auch, dass sich die Frauen im Sommer um einiges besser anziehen als im Winter, aber vor Basti habe ich schon jetzt Angst. Vielleicht zu unrecht, schließlich ist auch er wieder ein Jahr älter geworden. Ein Jahr reifer, erwachsener und weniger pubertär.

Quatsch, Bastis nächster Satz ist: »Boah, die ist ja geil!«

Warum muss er nur im Frühjahr immer solo sein? Eine Freundin würde da sicher weiterhelfen. Weniger hilft uns die Tatsache, dass wir uns im Olympia-Einkaufszentrum verabredet haben. Die Chantals und Angeliques hier tragen sehr gerne bauchfreie Mini-Tops mit Spaghettiträgern oder gleich Bikinioberteile, very very Hot Pants und die Röcke so kurz, dass man die Slips darunter sehen kann. Welche sie allerdings sehr selten tragen.

Ich bin sehr froh, verheiratet und in dieser Hinsicht nicht so sensibel zu sein. Anders Basti, der zehn Jahre jünger ist als ich. Hoffentlich war ich früher nicht auch so.

Ich setze ihn auf eine Bank und kaufe ihm ein Eis, damit das Hyperventilieren aufhört.

»Geht's dem jungen Mann nicht gut?«, fragt eine extrem attraktive Enddreißigerin. »Warten Sie, ich bringe ihm ein Glas Wasser.«

Sie verschwindet in der Filiale der Deutschen Bank, in der sie anscheinend arbeitet. Von ihrer Garderobe her hätte ich sie eher in der Dessousabteilung von H&M vermutet.

Als sie mit dem Wasser zurückkommt, hat sich Basti schon wieder etwas gefangen und schleckt genüsslich sein Eis.

Um die Frau länger um sich zu haben, bedankt er sich überschwänglich und trinkt das Wasser sehr langsam aus.

Mir graut vor seinem nächsten Satz. Ich stelle mir vor, wie er der Frau sein Eis hinstreckt und »Auch mal lecken?« schreit. Dabei knufft er mich in die Seite und lacht dreckig.

Meine Sorge ist unbegründet, denn Basti sagt nur: »Sie haben tolle Brüste. Kann man sich Ihre Telefonnummer genauso gut merken?«

Ich versinke im Erdboden, doch zwei Sekunden später hat er eine Visitenkarte in der Hand.

Ist das echt so einfach heutzutage? Wir mussten früher – kurz nach dem Krieg – eine Frau zum Essen ausführen, ins Theater einladen und danach noch über das Stück diskutieren, um am Ende an der Haustür einen Kuss auf die Wange zu bekommen. Irgendwie ungerecht, aber Bastis Spruch war zugegebenermaßen Weltklasse.

Kaum drei Minuten später möchte sich Basti die eine da vorne »mal genauer anschauen«. Wir bleiben vor dem Hallhuber-Schaufenster stehen.

Ich spähe durch das Fenster und suche im Ladeninnern

nach der Frau, kann sie aber nicht sehen. Erst als ich Bastis Blick folge, beginne ich zu ahnen, was hier gespielt wird.

»Das ist jetzt aber nicht dein Ernst? Du schaust dir bitte nicht die Schaufensterpuppe ›genauer an‹, oder?«

»Doch«, antwortet er, »die von Hallhuber sind die besten. Die im Orsay haben die besseren Figuren, aber die im Hallhuber die besseren Nippel. Genau wie ich sie mag. Schöne feste, spitz zulaufende Brüste mit Brustwarzen, die frech hallo sagen … hm, soll ich die von vorhin mal anrufen?«

»Nein«, finde ich, »aber vielleicht begibst du dich in ärztliche Behandlung? Wär das 'ne Idee?«

»Was hast du für ein Problem?«, fragt Basti. »Frauen reden genauso, wenn kein Mann dabei ist.«

»Ja, ehrlich? Glaubst du, dass sie auch Schaufensterpuppen ins Bett kriegen wollen?«

»Nein. Männliche Schaufensterpuppen sind total unerotisch.«

»Du, Basti, mal was ganz anderes. Ich weiß gar nicht, wie ich jetzt darauf komme, aber hast du eigentlich eine Gummipuppe daheim?«

»Spinnst du?«, keift Basti empört. »Bin ich notgeil, oder was?«

»Pfff«, sage ich und überlege. »Lass uns weitergehen.«

Wir schlendern durch das OEZ. Ursprünglich wollte ich Basti nach langer Zeit wieder einmal treffen, um ein bisschen im Café zu sitzen und über Fußball und alte Zeiten zu reden, aber jetzt ertappe ich mich dabei, wie ich die Schaufensterpuppen und ihre Brüste miteinander vergleiche. Mir persönlich gefallen die von S.Oliver am besten. Wenn sie nur Köpfe hätten.

Mir wird schwindelig, ich glaube nicht, über was ich da nachdenke.

»Lass uns essen gehen«, sage ich deshalb.

»Zum Chinesen?«

»Jepp.«

Als ich kurze Zeit später meine Erdnussente in mich hineinschaufle, kann ich endlich durchatmen. Auch Basti isst und hält demnach die Klappe.

Doch irgendwie beschleicht mich die Angst, er würde mich gleich fragen, ob ich schon einmal eine Asiatin gehabt hätte.

»Was ich dich schon lange einmal fragen wollte …«, setzt Basti an.

Ich zucke zusammen.

»Hast du schon einmal eine Asiatin gehabt?«

»Nein«, sage ich, »aber ich hab mir eine Schaufensterpuppe gelb angemalt. Basti, hör auf, ich kann nicht mehr, kannst du im Frühling über nichts anderes reden?«

»Sorry«, sagt er überraschenderweise, »gehen wir Tennis spielen? Danach können wir bei mir den HSV anschauen.«

Um Himmels willen. Ich weiß schon, wie das laufen wird. Basti wird nach dem Spiel in der Dusche aus Versehen die Seife runter- und mir genau vor die Füße fallen lassen. Ich werde versuchen, die Seife mit dem Fuß aufzuheben und dann mit dem Rücken zur Wand in die Umkleidekabine zu huschen. Dann wird mich Basti zu Hause betrunken machen und mir beim Torjubel in die Arme fallen. Er wird mir lange in die Augen schauen, um mir letztlich zu sagen, dass ich wunderschöne Nippel hätte.

»Schade«, sage ich, »aber ich will mir heute mit Anna das Spiel anschauen, danach ist Whirlpool angesagt. Hin-

terher wollen wir die ganzen neuen Sexspielzeuge auspro-
bieren, die wir uns zusammen ausgesucht haben.

Sie hat mir gerade noch eine SMS geschrieben, wie sie
sich freut und wie sie mich auf dem Bärenfell vor unserem
offenen Kamin klarmachen will. Dann …«

Plötzlich tippt mir ein älterer Herr auf die Schulter und
zeigt auf den am Boden liegenden Basti.

»Ich glaube, Ihr Freund ist ohnmächtig geworden.«

 Nightswimming

Seit über 25 Jahren gibt es nun schon den Austausch zwischen meinem Heimatverein ASV Rimpar und dem bretonischen FC Languidic.

Die jährlichen gegenseitigen Besuche ähneln sich. Man hat den größten gemeinsamen Nenner gefunden.

Früher spielten wir gepflegten Fußball miteinander und versuchten, uns gegenseitig abzufüllen.

Heute spielen diejenigen, die sich noch bewegen können, etwas, was Fußball sein soll, die anderen trinken nur noch.

Traditionell gibt es am Französischen Abend Rotwein, der die Deutschen umbringt, und am Deutschen Abend Würzburger Hofbräu, das alle umbringt.

Tagsüber machen wir Wanderungen oder besichtigen mal eine Crêpes-Fabrik, mal ein Schloss.

Uns ist jedoch bewusst, dass wir unseren Gästen ab und zu ein Schmankerl bieten müssen, das nicht auf dem offiziellen Programm steht.

Letzten Sommer war es wieder so weit. In bierseliger Runde erzählten wir gerade Schwänke aus unserer Jugend, beispielsweise von nächtlichen Ausflügen ins Freibad.

»Wo ist das Freibad?«, fragte Jean-Michel.

»In Veitshöchheim!«, antwortete Jens. »Willst du es sehen?«

Trotz unseres Alters und der fortgeschrittenen Stunde

konnten wir zehn Leute für die Besichtigungstour gewinnen. Und weil am Vortag der Französische Abend stattgefunden hatte, fanden wir auch noch zwei Deutsche, die sich bereit erklärten, uns zu fahren. Sie waren nüchtern und wollten nie wieder Alkohol trinken.

Wir fuhren auf den Schwimmbad-Parkplatz, der am weitesten vom Eingang entfernt war, und stiegen über den Zaun.

Wir kämpften uns durch meterhohes Gras über einen Hügel, schlugen uns durch eine dichte Hecke und überstiegen zerkratzt und blutig einen weiteren Zaun.

»Was soll dieser Zaun?«, dachte ich noch, da sah ich schon Jochen wimmernd auf der anderen Seite liegen.

Ich erschrak, weil ich vermutete, er hätte sich verletzt. Doch als ich mich über ihn beugte, sah ich, dass er nicht weinte, sondern Tränen lachte.

Ich schaute mich um und legte mich dazu. Ein paar Sekunden später lag Breiti bei uns. Dann Jean Michel, Redel, Sebastian und Sébastien, Klafke, Murphy, Jens, Balou und Florent. Wir waren am großen Parkplatz über den Zaun gestiegen, hatten uns durch einen Dschungel gekämpft und einen zweiten Zaun überwunden, um jetzt – wieder draußen – auf dem kleinen Parkplatz zu liegen.

Erst zehn Minuten später konnten wir wieder einen klaren Gedanken fassen und uns überlegen, was zu tun sei. Einige wollten wieder nach Rimpar fahren, doch der Ausflug hatte zu vielversprechend angefangen.

Wir entschieden uns, einfach über das Lieferantentor zu klettern, wie wir es damals auch immer gemacht hatten.

Wir befürchteten zwar, dass der technische Fortschritt eventuell einen Bewegungsmelder und Überwachungskameras ins Geisbergbad gebracht hatte, aber es klappte.

Anfangs waren wir sehr vorsichtig und leise. Der Palette Dosenbier und dem Gedanken an die beiden Zäune war es jedoch geschuldet, dass wir uns entspannten und mutiger wurden.

Klafke zeigte uns am beleuchteten Sprungturm seinen legendären eineinhalbfachen Delfin-Salto, und ich erinnerte mich an unsere Anlaufköpfer-Exzesse. Als Kinder waren wir dutzendfach im Sekundentakt vom Turm gesprungen. Jedes Kind in eine andere Richtung, und erstaunlicherweise landete keiner von uns im Rollstuhl.

Sebastian und ich stiegen also hoch und liefen gleich los. Sebastian zauberte seinen Sprung perfekt ins Wasser, auch bei mir lief es bis zum Absprung gut.

Dann lag ich wie ein Brett in der Luft und schaffte es nicht, meinen Kopf nach unten zu drücken. Eine Sekunde später knallte ich genau so auf die Wasseroberfläche. Noch im Flug gingen mir Bilder durch den Kopf, die aufgeplatzte Bauchdecken und im Wasser schwimmende Gedärme zeigten.

Als ich unter Wasser war, hoffte ich, dass die Bilder Wirklichkeit waren und die Schmerzen mit Eintritt des Todes aufhören würden.

Mit letzter Kraft schaffte ich es an den Beckenrand und hievte ich mich aus dem Wasser. Klafke sagte später, es wäre wie in einem Zeichentrickfilm gewesen. Mit einem Grinsen im Gesicht wäre ich losgesprungen, dann hätte ich mich in der Luft verblüfft umgesehen und wäre daraufhin wie Tom aus *Tom und Jerry* oder wie der Kojote in die Tiefe gestürzt. Außerdem wisse er nicht, ob er auf dem Parkplatz oder nach meinem Sprung mehr gelacht habe.

Ich konnte nicht lachen, vielmehr versuchte ich, mich

nicht zu übergeben. Und ich versuchte, irgendwo am Körper meine Hoden wiederzufinden und sie an die richtige Stelle zu rücken. Ich war sehr froh, dass unsere Familienplanung bereits abgeschlossen war.

Nachdem wir mehrere Minuten zusammen mit Sebastian in gekrümmter Haltung am Beckenrand gelegen hatten, wollten wir, vor allem ich, nach Hause fahren.

Auf dem Weg zur Riesenrutsche, wo sich die anderen gerade vergnügten, kam Klafke euphorisiert auf die Idee, einen Abhang hinunter Purzelbäume zu schlagen. Er wurde immer schneller, und bei seiner letzten Rolle knackte etwas. Leider war es kein Zweig, sondern Klafkes Schultereckgelenk.

Obwohl er vor Schmerzen schrie, vergaß ich kurz meinen Unterleib und fand meinen Humor wieder.

Ich wusste zwar, dass uns niemand diese Geschichte glauben würde, aber auch niemand würde mich davon abhalten können, sie zu erzählen.

Doch sie war noch nicht zu Ende.

Von Klafkes Schreien angelockt, kamen uns die anderen entgegen. Breiti und Murphy bluteten wie die Schweine. Sie hatten die Riesenrutsche ausprobiert. Weil nachts jedoch kein Wasser durch die Rinne läuft, hatten sie aus dem Einstiegsbecken mit den Händen welches auf die Bahn geschaufelt und waren losgerutscht. Nach kurzer Zeit wurden sie jedoch so schnell, dass sie beide in der letzten Kurve im Abstand von zwei Sekunden mit dem Kopf gegen den Rutschenrand knallten und sich jeweils eine klaffende Platzwunde an der rechten Augenbraue zuzogen. Nach dem Auftauchen hielten sich beide den Kopf und sagten zeitgleich: »Woah, krass, wie du blutest!«

Die Franzosen waren beeindruckt, wie viele Verletzungen wir in kürzester Zeit davongetragen hatten.

»Keinä Wundärr, dass ihr den Krieg verloren abt!«, sagte Sébastien.

Wir hatten große Schwierigkeiten, Klafke wieder über das Tor zu heben, und dann das Problem, dass Breiti und Klafke unsere Fahrer gewesen waren.

Wir beschlossen, die Autos stehen zu lassen und uns drei Taxis zu rufen.

»Ja, zwei Taxis vom Geisbergbad nach Rimpar und eines in die Uniklinik«, sagte Redel der verblüfften Frau in der Zentrale.

Die beiden Fahrten nach Rimpar gingen klar, schwieriger war es, in die Uniklinik zu kommen. Die ersten beiden Taxifahrer fuhren unverrichteter Dinge wieder weg, als sie das ganze Blut sahen, der dritte warf uns netterweise wenigstens seinen Verbandskasten aus dem fahrenden Auto zu.

Erst der vierte war bereit, vier Betrunkene mitzunehmen, von denen drei schwer verletzt schienen, von denen wiederum zwei stark bluteten.

Von meinen Hoden erwähnte ich nichts, erntete aber einen skeptischen Blick, als ich mich auf dem Vordersitz zusammenrollte. Überhaupt schien der Mann Angst zu haben, dass wir ihn töten könnten.

Zumal die wimmernden Kreaturen auf dem Rücksitz gerade absprachen, wie sie den Ärzten den Unfallhergang schildern wollten.

Nach einigen sehr, sehr abstrusen Theorien setzte sich folgende sehr abstruse Theorie durch: Klafke war vom Bürgersteig abgerutscht und auf die Schulter gefallen. Breiti und Murphy wollten sich dann um ihn kümmern und sind während des Bückvorgangs mit den Köpfen zusammengestoßen. Sehr fest zusammengestoßen.

Da musste sogar der völlig eingeschüchterte Taxifahrer losprusten. Was uns dazu veranlasste, den Plan zu überdenken.

Letztendlich sagten wir den Ärzten ohne unseren Anwalt gar nichts.

Umso mehr erzählte ich am nächsten Tag im Bus, als wir einen Ausflug zur Walhalla machten.

»Ja«, sagten die, die nicht dabei waren, »wir glauben dir das alles. Hört sich echt realistisch an.«

Abgedichtet

Karrieremäßig hat mir mein abgebrochenes BWL-Studium in Bamberg nicht sooo viel gebracht. Andererseits wäre ich heute wohl nicht Buchhändler, wenn damals meine Freizeit nicht so hoch bemessen gewesen wäre.

Ich war oft im Hainbad und langweilte mich einmal so, dass ich ein Buch in die Hand nahm. Claude las gerade *Betty Blue* von Philippe Djian, legte es aber beiseite und ging Pommes holen. Als sie eine Viertelstunde später zurückkam, teilte ich ihr mit, sie würde ihr Buch frühestens wiederbekommen, wenn ich es ausgelesen hätte. Es war das erste Buch, das ich freiwillig las. Philippe Djian ist für mich bis heute der Schreibgott. Noch lieber als Buchhändler werden wollte ich nach dieser Lektüre alle anderen Bücher von Djian lesen. Und Autor werden.

Ich stellte mir das wahnsinnig romantisch vor. Der Protagonist aus *Betty Blue* sitzt jeden Abend in Südfrankreich vor seiner Strandhütte und schreibt bei Kerzenlicht und Rotwein Meisterwerke. Sein Oberkörper ist oft frei, maximal von einem legeren Feinripp-Unterhemd bedeckt. So sah ich mich auch vor meinem inneren Auge, wenn auch etwas pummeliger.

Tatsächlich bekam ich einige Jahre später die Möglichkeit, meine Schriftstellerkarriere zu starten. Anna wollte ein

Jahr als Architektin in Barcelona arbeiten, ich klinkte mich für fünf Monate ein.

Die Rahmenbedingungen waren perfekt. Anna fand noch vor meiner Ankunft eine Wohnung und einen gut bezahlten Job, ich zog mit ein und arbeitete bei Telepizza als Mofabote, wofür ich etwa 250 Euro im Monat bekam.

Anna musste mich also aushalten, hoffte aber, nach ein paar Bestsellern meinerseits bis an ihr Lebensende ausgesorgt zu haben.

Noch am ersten Abend setzte ich mich hin, selbstverständlich oben ohne. Auch wenn ich inzwischen noch etwas pummeliger geworden war, fand ich mich extrem lässig. Ich schenkte mir Rotwein ein und zückte den neuen Füllfederhalter, den mir meine Schwester geschenkt hatte. Auch meiner Schwester Elke hatte ich angekündigt, dass ich als Romanautor nach Deutschland zurückkehren würde. Um ein bisschen Druck aufzubauen.

Am Ende meiner ersten Session war ich sternhagelvoll und hatte nur eine halbe Seite geschrieben, die ich am nächsten Morgen sofort verbrannte. Hätte Anna sie in die Finger bekommen, hätte ich wahrscheinlich noch am selben Tag abreisen müssen.

Nach ein paar Wochen hatte ich siebzehn Seiten zusammen, aber eigentlich nichts mehr zu erzählen. Ich wägte meine Chancen ab, einen siebzehnseitigen Roman veröffentlichen zu können, und beendete meine Karriere als Romancier.

Nach einer mehrjährigen Frustpause habe ich die letzten acht Jahre mit Kurzgeschichten überbrückt.

Doch nun ist es an der Zeit, Lyriker zu werden. Ein gefeierter Lyriker! Mit vielen Auszeichnungen und Preisgeldern.

Ich habe da nämlich eine These:

Es gibt keine gute und schlechte Lyrik, sondern nur normale Lyrik, Lyrik halt, und grottenschlechte Lyrik.

Ja, so ist das.

Ich spreche selbstverständlich von ernsthafter Lyrik. Und es ist besonders tragisch, wenn jemand ernsthaft und grottenschlecht ist.

Einfacher ist die Einteilung bei lustigen Gedichten: Entweder sie sind lustig oder sie sind nicht lustig. Was wiederum sehr subjektiv ist.

Ebenso kann man nicht grottenschlechte Lyriker nicht objektiv in gut und schlecht einteilen.

Das kann mir keiner erzählen. Kein Reich-Ranicki und keine Heidenreich und kein Literaturwissenschaftler und überhaupt gar keiner.

Und weil das alles ein bisschen theoretisch klingen mag, wird's jetzt konkreter. Seht euch mal diese beiden Gedichte an:

DÜSSELDORFER IMPROMPTU

Der himmel zieht die erde an
wie geld geld

Bäume aus
glas und stahl, morgens
voll glühender früchte

Der mensch
ist dem menschen
ein ellenbogen

Giesinger interruptus

Der wimmer zieht die hose an
zuviel geld geld

Träume aus
hart wie stahl, morgens
noch glühend

Der wimmer
ist den mädchen
ein graus

Gut, vermutlich werden die meisten nach mehrmaligem Durchlesen ahnen, welches Gedicht von Reiner Kunze und welches von mir ist. Letztendlich finde ich jedoch beide beschissen.

Eines von beiden steht allerdings im *Neuen Conrady*, dem deutschen Gedichte-Almanach.

Ich habe für mein Gedicht zwei Minuten gebraucht, der Kunze mit Sicherheit auch nicht länger als zehn. Davon mindestens acht, um das Wort »impromptu« zu finden.

Also, warum steht Kunzes Gedicht im Conrady und meins nur hier in der *Bierquälerei*? Erzählt mir jetzt bloß nicht, dass Kunzes besser ist. Sonst schreibe ich es euch noch mal hin.

Lyrik kann jeder. Sogar ich. Romane schreiben können die wenigsten. Ich auch nicht. Zweimal habe ich angefangen, und zweimal bin ich bei siebzehn Seiten hängen geblieben.

Aber wenn ich für ein Gedicht zwei Minuten brauche,

brauche ich für einen Gedichtband so um die drei Stunden. Dann die Wörter noch abenteuerlich auf die Zeilen verteilen und alles klein schreiben, fertig.

Mach ich gleich mal weiter:

Schönes Raststättengedicht

autobahn
　raststätte
gebremst gerastet gerädert
　　　trotzdem schön hier

red bull balisto grün
　sonst fehlt das grün
　　hier trotzdem schön hier

　viele menschen
　　viele nicht schön hier
　　　trotzdem schön hier.

Dieses Gedicht habe ich mir auf dem Weg zur Toilette, dort und auf dem Weg zurück überlegt. In zweieinhalb Minuten.

Jetzt legt das doch dem Reich-Ranicki vor. Ich denke, wenn man »Red Bull« und »Balisto« durch Wörter ersetzte, die er kennt, und ihm sagen würde, das Gedicht stamme von Raoul Schrott oder Erich Fried, könnte er es, auf dem falschen Fuß erwischt, als gelungen bezeichnen.

Naja, den Titel müsste man vielleicht weglassen. Titellose Gedichte sind bestimmt in Fachkreisen doppelt »interrrrressant!«.

Fachkreise waren mir schon immer suspekt. Ob es jetzt ein Literarisches Quartett ist oder der Sky-Stammtisch oder der Freundeskreis.

Verbindet den Bierkennern in eurem Freundeskreis einfach mal die Augen, und sie werden mit Sicherheit Löwenbräu mit Augustiner verwechseln. Ich habe das selbst erlebt.

Und weil ein kaltes Bier manchmal ein Gedicht ist, ein letzter Test für dich, lieber Marcel, und für euch, liebe Leser:

(Das folgende Gedicht trägt keinen Titel)

> *Wir beide*
> *taumeln siegessicher*
>
> *die blaue allee*
> *taut langsam auf*
>
> *mühlenartig engelsgleich*
> *schicksalsträchtig*
>
> *ein tag wie jeder andere*
> *ein tag wie kein anderer.*

Hugo von Hofmannsthal, ein Mitschüler von Walter Gibson oder Volker Keidel?

Wer weiß das schon?

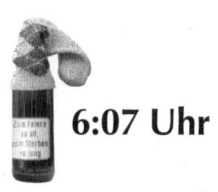

6:07 Uhr

Ich bin alt. Ich bin sehr alt. Ich kann nicht mehr trinken. Ich werde auch nicht mehr trinken. Ich weiß jetzt, dass man nicht alt ist, wenn der Lieblingsfußballer jünger ist als man selbst. Man ist alt, wenn man nicht mehr trinken kann.

Als Heranwachsende haben wir Cola-Asbach-Stiefel getrunken und konnten hinterher noch flirten. Und wie!

Da gingen mir noch Sätze über die Lippen wie »Dein Erscheinungsbild ist sehr ansprechend. Hast du Lust auf ein Bananenhefe an der Bar?« oder auch »Hopp, knutschen«.

Mittlerweile bin ich so weit, dass mir morgens schon Tränen in den Augen stehen, wenn ich weiß, dass ich am Abend mehr als drei Bier trinken werde.

Weil ich dann auch schon weiß, dass ich am nächsten Morgen sterben muss.

Gestern Morgen habe ich also geweint, gestern Abend habe ich um die fünf Liter Bier getrunken und im Moment sterbe ich.

Braucht mir keiner mit Trinktipps zu kommen. Von wegen nicht durcheinander trinken, Finger weg von Augustiner Edelstoff, nicht rauchen, schon vor dem Weggehen zwei Aspirin einwerfen und vor dem Schlafen noch einmal, nach jedem Bier ein Wasser, nach jedem Bier ein Schnaps, vorher fett essen, nach dem Wiesnzelt nie aufs Teufelsrad, auch nicht in Pasing aussteigen und zu Burger King. Nie nach HSV-Niederlagen weggehen. Erst recht nicht nach Siegen.

Könnt ihr vergessen, hab ich alles schon ausprobiert. Auch in verschiedenen Kombinationen.

Noch schlimmer ist allerdings Weggehen ohne zu trinken. Du beginnst mit dem Klassiker Apfelschorle. Danach eine Bionade Holunder. Dann wäre eine Latte Macchiato wunderbar, gefolgt von einem leckeren Malzbier.

Die anderen lachen dich aus, haben Spaß, und du schaust wieder in die Getränkekarte.

Ach ja hier, alkoholfreie Cocktails.

Mit bunten Fähnchen und Sahnekrone. Und dann, zum Abschluss, als Höhepunkt quasi, ein Clausthaler.

Das Gefühl kotzen zu müssen verstärkt sich, wenn du die Rechnung bekommst.

Jetzt ist es 5:43 Uhr und ich habe gestern leider kein einziges Clausthaler getrunken. Geweckt hat mich der kleine Mann mit dem Vorschlaghammer.

Er ist sehr agil für diese Uhrzeit. Im Zehntelsekunden-Takt schlägt er mit voller Wucht gegen meine linke Schläfe.

Ich kann mich nicht bewegen, weiß aber, dass in 24 Minuten Luzie aufwachen wird. Sie wacht jeden Tag um 6:07 Uhr auf. Egal, wann man sie ins Bett legt. Manchmal, wenn wir unbedingt ausschlafen wollen, versuchen wir Luzie mit *Alien 1–4* bis Mitternacht wach zu halten, doch an 6:07 Uhr ändert sich nix. Außer dass sie dann mies gelaunt ist.

6:06:57, 6:06:58, 6:06:59 …

»Papa! Papa! Papa!«

Den ganzen Tag macht Mama alles besser, gekuschelt wird mit Mama, Mama Bussi hier, Bussi da und überhaupt ist Mama ganz toll.

Aber um 6:07 Uhr schreit Luzie nach Papa. Keine Ahnung, wie Anna das hinbekommen hat.

Blöd ist außerdem, dass wir gestern einen Babysitter hatten und zusammen weg waren. Anna kommt nicht so oft raus, deshalb hat sie alles gegeben.

Jetzt stellt sie sich tot. Vielleicht ist sie tot. Ich will es herausfinden. Obwohl der kleine Mann mit dem Hammer gerade zur Höchstform aufläuft, schäume ich über vor Witz und halte Anna Nase und Mund zu. Sie schlägt mir reflexartig mit der Faust auf die Nase. Die Schmerzen sind so stark, dass ich auf eine Explosion meines Schädels hoffe.

Männer neigen oft zur Übertreibung und sind sehr wehleidig. Ich nicht, es tut so weh.

Noch vor zwanzig Jahren hätte ich um diese Uhrzeit eine ganze Nacht Sex hinter mir gehabt. Oder eine Minute zumindest.

Eine Nacht oder eine Minute, vielleicht wäre auch gar kein Sex eine Möglichkeit gewesen. Denke ich, als Luzie eine neue Offensive startet.

Ich lasse mich aus dem Bett gleiten und krieche Richtung Kinderzimmer.

Ich habe keinen Plan, wie ich diesen Tag überstehen soll. Um wenigstens zu überleben, darf ich keinen Bissen essen und keinen Schluck trinken.

Ein paarmal habe ich schon versucht, meinen Körper zum Beispiel mit einem Weißwurstfrühstück zu übertölpeln, aber das Resultat war doch immer das Gleiche: acht bis zehn Mal kotzen und am Abend 20 000 geplatzte Äderchen im Auge.

Ich weiß, dass ich erst gegen 18 Uhr meinen ersten

Schluck Wasser trinken kann und vor 20 Uhr nicht an Essen denken darf.

Ich überlege mir, wie viel Geld ich dafür zahlen würde, dass es schon 20 Uhr wäre. Als ich mich gerade auf 250 Euro geeinigt habe, steht Tom plötzlich neben mir. Ach ja, da ist ja noch ein Kind.

Statt »Guten Morgen, ich hab dich lieb!« sagt Tom: »Papa, du stinkst.«

»Ja«, sage ich, merke aber, dass es Luzie ist, die stinkt.

»OA«, sagt sie. Normalerweise finde ich es total süß, dass sie statt AA OA sagt. Heute nicht, denn ich muss es wegmachen. Ich will nicht. Ich weine.

Ich sage zu Tom, er dürfe heute mal probieren Luzie zu wickeln. Mit seinen vier Jahren könne er seine Eltern ruhig ein wenig entlasten … wenn er schon kein Geld verdient.

Ich mache die Tür zu und tapse vorsichtig zum Sofa. Ich frage mich, was die Super Nanny an meiner Stelle machen würde und ob sie stolz auf mich wäre. Ich drücke auf die Fernbedienung. *Formel 1* ist in dieser Verfassung das Einzige, was ich konsumieren kann. Ich kann zwar nicht hinschauen, aber das monotone Motorengeräusch beruhigt mich und meinen Kopf.

Leider nur kurz, dann legt das kleine Männchen eine neue Schicht ein. Tom und Luzie kommen ins Wohnzimmer. Tom schaut komisch, er sieht nicht stolz aus. Ich frage nicht nach, wie es gelaufen ist.

Ich spreche überhaupt sehr wenig. Ich brauche meine ganze Kraft, um den Kindern ein Müsli zuzubereiten. Ich darf dabei nicht daran denken, wie es wäre, einen Löffel davon in den Mund zu nehmen.

Die Kinder sind laut, machen eine Müslischlacht, ein Teller fällt auf den Boden, ich kann nicht mehr.

Ich kapituliere und löse eine Aspirin auf. Heute muss es was bringen.

Eine halbe Stunde später wirkt es. Es würgt. Ich bekomme Hustenanfälle und muss viertelstündlich auf die Toilette verschwinden. Ich habe den Kindern »Pippi Langstrumpf« eingelegt. Alle Teile. Die »Michel aus Lönneberga«-Box wartet schon auf ihren Einsatz.

Ich habe Halluzinationen. Auf dem Grund des Klos sehe ich die Super Nanny. Sie zieht die Augenbrauen hoch. Kritik kann ich jetzt echt nicht gebrauchen. Ich muss auch mal an mich denken, also lege ich meine Stirn auf den kalten Fliesenboden. Was für ein schöner Familiensonntag.

Gegen drei Uhr kommt Anna pfeifend die Treppe runter.

»Danke, du bist ein Schatz. Ich hätte mich beim besten Willen nicht um die Racker kümmern können. Wie du das immer hinbekommst. Schauen sie schon lange fern?«

»Ach, i wo, gerade erst angemacht. Vorher haben wir was zusammen gebastelt und viel gesungen. Gell, Kinder, war schön?!«

Sie lächeln und nicken etwas gequält. Ich habe ihnen damit gedroht, Mama in das Zimmer zu lassen, in dem sie die Windel gewechselt haben.

»Ach«, sagt Anna, als sie die Küche betritt und das Aspirintütchen sieht, »ging's dir doch nicht so gut? Ach nein, ist ja gar kein Aspirin, das ist ein Hustenlöser. Wer hat denn Husten?«

»Ich«, sage ich geschockt, »das Zeug ist sein Geld wert. Toll, was da alles rauskommt.«

La vie culturelle

Ich hörte mir die Unterhaltung im Jahre 1990 relativ entspannt an. Zwei Wochen zuvor war ich nach Brehmes Elfmeter in Italien Weltmeister geworden. Da war es mir doch total egal, wohin wir in Urlaub fahren würden.

Klafke wollte unbedingt nach Südfrankreich. Burgen anschauen, ein bisschen Kultur aufsaugen, wie er es nannte. Ihm gehe diese ewige Sauferei auf den Sack. Schließlich seien wir jetzt schon zwanzig.

»Du und der Keidel vielleicht!«, schrie Murphy. »Breiti und ich sind erst neunzehn. Ich sag nur: Lloret de Mar!«

»Alles klar!«, schrie Breiti zurück. »*Lloret de Mar – Alles klar* oder *Calella – Trink schneller!*«

Ich hatte schon so viel über Lloret gehört, aber nichts, was nicht asozial gewesen wäre.

Auf Burgenbesichtigen hatte ich zwar auch keine Lust, aber schließlich war ich schon zwanzig. Außerdem werden Zwanzigjährige, wenn sie sich alleine Burgen anschauen, todsicher in die nächste Anstalt gebracht. Also entschied ich mich dafür, Klafke zu begleiten.

Wir würden mit dem Auto fahren, Breiti und Murphy mit dem legendären Busunternehmen Adam Heim.

Der Sage nach hatte Adam schon des Öfteren Leute an der Autobahnraststätte vergessen. Aber er hatte das wahrscheinlich billigste Reiseunternehmen der Welt, das »Ryan Air« der Neunziger.

Ein paar Tage darauf holte mich Klafke ab. Mit seinem neuen Golf GTI.

Ach du Scheiße, den hatte ich ja vollkommen vergessen. Ein weinroter, tiefergelegter GTI mit Riesenschlappen. Zum Glück ohne Kenwood-Aufkleber und Fuchsschwanz am Rückspiegel, aber trotzdem ein GTI. Ein GTI mit 45 PS.

Bei dem Prollschlitten verdrehten schon normale Menschen die Augen, aber auch Autofreunde würden nicht unsere Freunde werden bei einer Beschleunigung von null auf hundert in 24 Sekunden. Wir würden weder die »Opel-Killer« aus Dinkelsbühl beeindrucken können noch die »Chasseurs de châssis d'Aix-en-Provence«.

Naja, Klafkes erstes Ziel sollte eine Burgruine bei Toulouse sein, da wäre außer uns eh kein Mensch.

Klafke fuhr die ganze Nacht durch, mich ließ er nicht ans Steuer dieser Rakete.

Er rauchte pro Stunde fünf Zigaretten, ich trank ab und zu ein Bier.

Geredet wurde wenig, wir waren cool.

Als wir die erste größere Pause einlegten, waren wir schon kurz vor Toulouse. Ich spendierte Klafke mehrere Tassen Kaffee. Sein Sekundenschlaf dauerte mittlerweile Minuten.

Klafke war so müde, außerdem schwamm er gerne, daher wagte ich einen Vorstoß:

»Auf, Klafke, lass uns kurz ans Meer fahren. Nach Port Leucate, da war ich schon mal, ist nicht weit. Da gibt's Hammerwellen.«

»Okay«, antwortete Klafke und hievte sich wieder hinters Steuer.

Das war leicht gewesen. Deshalb wurde ich forscher: »Soll ich mal fahren?«

»Spinnst du?«, sagte er, »das ist ein GTI!«

Eine Stunde später saßen wir am leeren Strand. Im Nieselregen.

»Was mache mern jetzt?«, fragte Klafke enttäuscht.

»Hm«, sagte ich.

Also gingen wir in den Supermarkt und kauften uns zwei Croissants und einen Karton mit zwanzig Flaschen Bier. Weil es einfach viel günstiger war als einzelne Biere. Und weil wir noch nie 0,25-l-Biere gesehen hatten.

Eine weitere Stunde später war der Himmel immer noch bewölkt, und Klafke brachte einen zweiten Karton Bier. Eigentlich wollte er zwei Oranginas holen, entschied sich aber kurzfristig um.

Wir tranken weiter, und als ich wieder aufwachte, lernte ich den Begriff »Reizüberflutung« kennen. Der Strand war voll, es herrschten etwa 35 Grad und ich wusste nicht, welches Stück meiner Haut am meisten wehtat. Ich hatte ein brutales Holzmaul, und außerdem standen zwanzig Kinder um uns herum. Sie gafften uns und die vierzig Bierflaschen an.

39 lagen herum, eine hielt Klafke noch in der Hand. Er lag auf dem Rücken, was schlecht war für seinen Bauch. Der war feuerrot. Ich weckte Klafke, indem ich ein Sandkorn auf ihn fallen ließ. Er sprang schreiend auf, die ersten Kinder wurden von ihren Eltern weggezerrt.

Mehrmals glaubte ich, das Wort »Clochards« zu hören.

Nachdem wir unter Schmerzen unsere T-Shirts übergezogen hatten, waren wir hungrig. Und weil wir so viele Zuschauer hatten, kochten wir gleich am Strand.

Eine Dose Ravioli auf einem Esbit-Kocher. Jetzt war ich mir sicher, mehrmals das Wort »Clochards« zu hören.

Doch die Kinder und wir selbst fanden uns wahnsinnig cool. Auch manche Familienväter warfen uns neidische Blicke zu. Na, das fing ja gut an. Kaum drei Stunden da und schon lokale Helden.

Wir beschlossen, in diesem Urlaub keine Burgen zu besichtigen, sondern unseren Ruf zu festigen. Das gelang uns gut. Wir schliefen und duschten am Strand. Die Kinder und die Väter liebten uns, die Mütter nicht. Sicher ließen sich einige von ihnen nach dem Urlaub scheiden.

Um unseren kulturellen Ansprüchen zu genügen, tranken wir viel Vin Rouge und auch Muscadet, der zwar scheiße schmeckt, sich aber super anhört. Muscadet!

Zudem tranken wir Heineken. Das ist nicht wirklich französisch, aber wir sprachen es französisch aus: Eineken!

Weil uns am ersten Abend ein Kellner gefragt hatte, was wir trinken wollten.

Nicht ungewöhnlich. Auch nicht ungewöhnlich, dass Klafke »one beer« bestellte.

»Eineken?«, fragte der Ober nach.

Klafke antwortete, kein Witz: »No, not a can. Only a bottle.«

Es wurde unser Lieblingsbier.

Aber nach einer Woche wurde das Ganze selbst uns zu asslig, und wir einigten uns darauf, nach »Lloret de Mar – Alles klar« zu den Jungs zu fahren.

Da wir nicht wussten (und es im Nachhinein betrachtet auch nie hätten wissen wollen), in welchem Hotel sie wohnten, mussten wir sie am Strand suchen. Es gab noch keine Handys.

Unglaublich, was man als zwanzigjähriger Schwachkopf so alles macht.

Leider fanden wir sie. Es gab ein großes Hallo, wir tranken kulturell adäquat ein paar San Miguel, gingen kurz ins Hotel zum Aufstylen und dann uiuiui.

Breiti und Murphy hatten am Vorabend eine Kneipe gefunden, wo es Tequila für eine Mark gab. Aus dem falschen Land zwar, aber immerhin war es die richtige Sprache. Das konnten wir durchgehen lassen.

Also tranken wir Tequilas. Jeder ganz viele, was ein bisschen pubertär klingt, aber hey, wir waren jung und wollten Geschlechtsverkehr.

Was allerdings nicht mehr möglich gewesen wäre, als wir den Laden verließen.

Wir torkelten nur noch durch die Straßen, keine Ahnung, wohin. Dann liefen die zwei Holländer an uns vorbei. Klafke hatte wohl den sechzehnten Tequila stehen gelassen, denn er konnte anscheinend deren Sprache erkennen und sich noch an die WM erinnern.

Es dauerte zwar ein bisschen, aber als die Oranjes fünfzig Meter weg waren, drehte sich Klafke um und schrie »Ej, twe – eens!« in Erinnerung an das legendäre WM-Spuckspiel.

Super Idee! Die Holländer wägten ab, ob sie zu zweit mit uns klarkommen würden, dann lachten sie kurz und sprinteten auf uns zu.

Einer hielt Breiti, Murphy und mich in Schach, was nicht sehr schwer war. Murphy lag eh am Boden, und Breiti und mir schenkte er abwechselnd eine ein.

Ich spürte nichts.

Mehr Schmerzen bereitete es mir, Klafke aus dem Augenwinkel zu sehen.

Der zweite niederländische Sportsfreund hatte Klafke am Haarschopf gepackt und knallte ihn im Sekundentakt gegen ein Ladengitter. Autsch.

Minuten später blutete Klafke dann auch anständig. Respekt!

Wir reichten ihm ein paar Tempos, dann ging's wieder einigermaßen.

Auf dem Weg zum Hotel kam uns eine Gruppe Deutscher entgegen. Wir unterhielten uns kurz, Murphy stammelte etwas von Oranjes, und schon ging es wieder los. Dieses Mal bekam jeder von uns einen eigenen Gegner.

Da ich nicht verstand, weshalb sie auf uns einschlugen, fragte ich nach.

»Was soll denn der Scheiß?«, schrie ich.

»Ach«, sagte mein Verprügler, »ihr seid gar keine Holländer? Hey, Jungs, hört auf, das sind keine Holländer!«

Sie ließen von uns ab und entschuldigten sich. Damit war die Sache für uns erledigt, doch die Polizisten, die mittlerweile vorgefahren waren, wollten es genauer wissen.

Breiti und ich erklärten den absurden Sachverhalt, während Murphy versuchte, Klafke in das Polizeiauto zu schieben.

»Mensch Klafke, steig ein. Ich weiß, wie das hier läuft, die lassen dich morgen früh wieder raus aus dem Knast.«

Tatsächlich hatten schon diverse Freunde und Bekannte eine Zelle Llorets von innen gesehen und sie am nächsten Tag wieder verlassen dürfen.

Doch hier lag der Fall anders.

»Die wollen uns gar nicht mitnehmen, Murphy«, versuchte ich ihm klarzumachen.

»Nicht?« Murphy klang etwas enttäuscht, ich zog Klafke indes aus dem Polizeiauto.

Keine Ahnung, wie wir zu viert ins Hotel kamen, aber ans Aufwachen erinnere ich mich noch, als wäre es gestern gewesen.

Wie zuvor am Strand war ich als Erster wach.

»Dag allemaal«, sagte ich auf Holländisch, um die Stimmung etwas aufzulockern.

Was sehr gefährlich war bei den dünnen Wänden in diesem Dreckshotel. Ich hätte mich nicht gewundert, wenn deutsche Hardcore-Hooligans im Nebenzimmer mich gehört und uns mal richtig rund gemacht hätten.

Obwohl, sie wären wohl eher schreiend wieder aus dem Zimmer gerannt.

Ich bin nämlich auch erschrocken, als ich Klafke und Murphy auf dem Doppelbett gesehen habe.

Auf der einen, etwas blutigeren Betthälfte, lag Klafke mit einem Kopf, der auf die doppelte Größe angeschwollen war. Daneben Murphy, und neben Murphy auch viel Blut und ein kleines Stück Fleisch. Was sich als ein Stück seiner Zunge herausstellte, welches er sich, warum auch immer, in der Nacht herausgebissen hatte.

An jedem anderen Morgen unseres Lebens wäre Murphys Zunge eine Sensation gewesen, in diesem Moment aber schauten alle Klafke an.

Wir hatten noch nie etwas so Lustiges gesehen wie Klafkes Kopf.

Wir erstickten fast vor Lachen.

Nachdem Klafke in den Spiegel geschaut hatte, packte er seine Sachen.

Murphy ebenso.

»Keidel, ich schenk dir die Woche Hotel«, sagte er, dann waren die beiden auch schon weg. Sie fuhren tatsächlich heim, obwohl wir sicher waren, dass Klafke mit diesem Kopf nicht über die Grenze kommen würde. Zumindest nicht mit seinem aktuellen Pass.

Der Rest der Woche verlief gemütlicher. Wir tranken hauptsächlich, denn lieber als das Essen im Hotel hätte ich Murphys Stück Zunge gegessen.

Wir gaben uns Mühe, nicht mit Holländern zu sprechen. Oder mit Deutschen, die uns für Holländer hätten halten können.

Eigentlich sprachen wir mit niemandem. Wenn uns langweilig wurde, bauten wir Sandburgen und fotografierten sie für Klafkes Urlaubsalbum.

Das genügte uns vollkommen, schließlich waren wir Weltmeister.

Lügenmaul

Gestern habe ich mich mit Torsten an der Imbissbude getroffen. Ich wusste schon vorher, dass mir das nicht guttun würde, aber er ist so nett.

Torsten hatte natürlich spontan Zeit, obwohl er ein Firmenimperium führt. Immer wieder kauft er vielversprechende Firmen auf oder hat selbst eine innovative Idee und gründet eine. Sehr selten läuft eine seiner Firmen nicht optimal. Torsten merkt dies allerdings immer schnell und verkauft sie dann für einen Betrag, den ich in meinem ganzen Leben nicht verdienen werde.

Trotzdem wirkt Torsten immer entspannt und ist stets gut gelaunt.

Der Haken an solchen Typen ist meistens, dass sie pausenlos über ihre Geschäfte und Projekte reden. Torsten nicht. Torsten ist ein extrem sympathischer Entertainer, man ist gerne mit ihm zusammen.

Wer jetzt hofft, sein Familienleben möge wenigstens in Trümmern liegen, wird enttäuscht. Nein, auch privat läuft alles bestens, er hat eine Spitzenfrau und drei niedliche Kinder, für die er selbstverständlich mehr Zeit hat als ein gewöhnlicher Arbeitnehmer. Mittags ist und isst er meist zu Hause und auch abends wird es selten später als 18 Uhr.

Es ist wie in der Schule: Wenn man da aufpasst, muss

man daheim nichts mehr tun. Dieser Satz ist von mir, Torsten würde etwas vergleichbar Streberhaftes niemals sagen.

Auf den Punkt gebracht ist Torsten perfekt, lediglich meine Familie finde ich noch besser als seine. Und ich sehe einen Tick geiler aus. Aber er macht das Beste aus seinem Typ, würde ich sagen. Ansonsten bin ich Buchhändler, aber daran bin ich selbst schuld. Ich hätte durchaus mehr aus meinem BWL-Studium machen können, als im neunten Semester so kurz vor dem Vordiplom exmatrikuliert zu werden.

Ich bin auch nicht neidisch auf sein Glück, nur eine Sache regt mich brutal auf: Torsten ist genauso groß wie ich, wiegt aber zwanzig Kilo weniger. Oder vierzig.

Gestern habe ich ihn erst gar nicht gesehen, weil er hinter einem Verkehrsschild auf mich wartete. Er wollte gerade ins Fitness-Studio. Das verstehe ich nicht. Wie kann man ins Fitness-Studio gehen, wenn man schlank ist? Und noch dazu in der Mittagspause? Torsten antwortete, er faste gerade und fühle sich weniger hungrig, wenn er Sport treibe.

Wäre ich nicht so schockiert gewesen, hätte ich ihn in diesem Moment fast ein wenig unsympathisch finden können. Eigentlich hätte ich mir gerne eine Currywurst bestellt, begnügte mich dann aber mit einem Beilagensalat.

Nach dem sogenannten Mittagessen fuhr ich frustriert nach Hause und schmierte mir drei Leberwurstbrote. Von der groben Leberwurst.

Dann stellte ich mich auf die Waage, die dreckig log, und fasste einen Entschluss. Ich wollte einen Tag weniger bis nichts essen und schauen, was figurmäßig bei mir noch rauszuholen sei.

Am Abend überredete ich meine Familie zu »All you can

eat« beim Chinesen, um am nächsten Morgen unter möglichst guten Voraussetzungen starten zu können.

Und siehe da, der abendliche Einsatz hatte sich gelohnt, das Lügenmaul zeigte vorhin 93,1 Kilo an. Satte 600 Gramm mehr als am Mittag.

Jetzt habe ich allerdings Hunger. Um ihn zu vergessen, bereite ich das Frühstück für alle zu. Das macht Torsten sicher auch jeden Morgen. Weil ich mich stark fühle, schiebe ich mir während des Tischdeckens keine einzige der Wurstscheiben rein, obwohl sie mich keck anlachen.

Meine Frau merkt gleich, dass mit mir etwas nicht stimmt. Nach dem Frühstück fragt sie nach: »Warum hast du heute die dritte Semmel liegen gelassen? Außerdem hast du wahrscheinlich zum ersten Mal in deinem Leben Margarine statt Butter gegessen. Was ist los?«

»Ich werde abnehmen!«, antworte ich kurz, mache drei Liegestütze und laufe die Treppe zweimal hoch, bevor ich erschöpft unter die Dusche gehe. Danach bin ich versucht, mich erneut auf die Waage zu stellen, entscheide mich aber dagegen, um das Ergebnis am nächsten Morgen noch sensationeller zu gestalten.

Auf der Arbeit helfe ich freiwillig – zum ersten Mal seit ein paar Jahren –, die bestellten Bücher zu verräumen, statt mich an die Kasse zu stellen. Sogar die ganz schweren Bildbände, weshalb ich mir hinterher ein Duplo aus der Süßigkeitenschublade gönne. Ich bin sehr stolz auf mich, dass ich die Erdnüsse, die eigentlich weg müssen, nicht mal ignoriere.

Während der Mittagspause streife ich orientierungslos im Einkaufscenter herum. Der Hunger bringt mich um, aber ich muss an das Lügenmaul denken, das nur darauf wartet, mir morgen wie jeden Tag eins auszuwischen.

Nachdem ich mehrere Male die Türklinke des Burger King berührt, aber wieder losgelassen habe, belohne ich mich mit einer Pizzaleberkäse-Semmel beim Metzger. Da im Pizzaleberkäse auch gesunde Paprikastücke und Pepe-roni drin sind, lege ich eine zweite nach. Körnersemmel, Ehrensache.

Meine Askese rächt sich am Nachmittag in Form eines knurrenden Magens. Ach, so ein Waschlappen, hätte er nur etwas von meiner Stärke. Weil ich Angst habe, er könnte sich auf die Ladentheke übergeben, kredenze ich ihm einen kleinen Hamburger. Der kostet nur 99 Cent, kann also nicht allzu viele Kalorien haben.

Wieder daheim schaut mich Anna an wie immer, obwohl ich mich sehr schlank fühle und man eigentlich schon erste Erfolge sehen müsste.

»Torsten und Anja haben angerufen«, sagt sie, »sie laden uns heute Abend auf einen Schweinebraten ein, weil ihre Fastenwoche vorüber ist.«

Wie armselig, denke ich, da fasten sie eine Woche und machen sich danach wieder alles kaputt. Aber vielleicht ist es Torsten egal, ob er 55 oder 56 Kilo wiegt.

Ich freue mich trotzdem, vor allem, weil ich den neuen Volker vorzeigen will. Einen Volker, der sich vollkommen im Griff hat.

»Alter!«, sagt Torsten auch gleich. »Du bist ja nur noch ein Schatten deiner selbst. Hast du abgenommen seit ges-tern?«

Dann lachen sie. Anscheinend haben sie sich schon vor-her am Telefon über mich lustig gemacht.

Ich bin froh, auch weil ich bei Torsten eine charakterliche Schwäche ausgemacht habe.

Das Lachen vergeht ihnen, weil ich nur einen Knödel und ein Stück Fleisch ohne Kruste esse. Noch beeindruckter sind sie, als ich beim Hinausgehen die Haustüre nur einen winzigen Spalt öffnen muss, um rauszuhuschen. Auch im Auto habe ich den Eindruck, auf der Fahrerseite nicht mehr so nah am Asphalt zu sitzen.

Die Nacht wird etwas unruhig, aber ich trotze dem Verlangen, einen Blick in den Kühlschrank zu werfen. Dabei kommt es mir zugute, dass ich eine Packung Traubenzucker neben mein Bett gelegt habe.

Während der letzten Stunde vor dem Aufstehen kann ich nicht mehr schlafen. Ich weiß nicht genau, ob ich alles getan habe, um der Waage gleich eine lange Nase drehen zu können.

Im Bad ziehe ich mich aus. Komplett. Jedes Gramm zählt.

Ich putze mir die Zähne, schneide alle überflüssigen Haare ab und weine aus Angst zwei Zentiliter dicke Tränen.

Dennoch fehlt mir der Mut, mir sofort von Lügenmaul die Wahrheit anzeigen zu lassen. Ich walke zweimal ums Haus und schaffe hinterher tatsächlich vier Liegestütze. Ich lege meine schwere Hornbrille weg und trockne nach dem Duschen jeden Wassertropfen ab. Hinterher Mani- und Pediküre. Anna ist erstaunt, als ich nach der Hornhautfeile frage, aber ich will kein unnötiges Risiko eingehen. Mit Sex will sie mir allerdings nicht weiterhelfen. An mir sei ja nichts mehr dran und die Hornhautfeile habe sie übelst abgetörnt.

Am Ende zupfe ich mir noch die Augenbrauen, reiße mir jede zweite Wimper aus und schnappe mir die Schachtel mit den Q-Tipps.

Dann überrumple ich die Waage und springe wie aus dem Nichts gazellengleich auf sie drauf.

Eine quälend lange Sekunde später blinkt die LED-Anzeige rot auf … 92,9 Kilogramm.

Verrückt, was möglich ist, wenn man sich ein bisschen am Riemen reißt.

Ich werde in hundert Tagen zwanzig Kilo weniger wiegen.

Und: Torsten! Ohne Firmenimperium!

Wilde Maus

Wie dämlich muss man sein, an einem Samstag auf die Wiesn zu gehen?!

Vor allem, wenn man Familie hat und die am Sonntag desselben Wochenendes auch hingehen will.

»Ja, ja, wird schon gehen«, denkt man. »Da trinke ich einfach defensiv und gehe zur Sportschau wieder heim.«

Dann fährt man früh um 8:30 Uhr mit der S-Bahn und all den anderen Geistesgestörten in die Stadt. Um neun am Zelt zu stehen ist Pflicht, wenn man sicher rein will.

Die erste *Mass* trinkt man tatsächlich recht defensiv, aber so gegen halb elf muss man sich aufgrund des sozialen Drucks doch die zweite bestellen.

Was folgt, ist der schönste Teil des Wiesn-Tages. Man ist so leicht angedüdelt, kann sich noch prima unterhalten und bestellt sich eines dieser überragenden Wiesn-Hendl.

Der letztmögliche Zeitpunkt, den Besuch des Oktoberfests würdevoll abzuschließen, ist erreicht, wenn man anfängt, mit der Fußspitze im Takt der Musik zu wippen. Lässt man eine weitere halbe Stunde verstreichen, ist man dem Untergang geweiht, will es aber nicht wahrhaben. Man fühlt sich blendend, steigt auf die Bank und grölt Lieder mit, deren Text man eigentlich nie kennen wollte.

Von 15:30 Uhr bis 17:15 Uhr haben alle männlichen Besucher des Zeltes ein Smartphone in der Hand und versor-

gen dich mit Spielständen, Torschützen und Abseitspositio-
nen. Deshalb ist es auch nicht nötig, zur Sportschau nach
Hause zu gehen. Man weiß ja alles schon und möchte die
HSV-Niederlage einfach nur vergessen. Um 22:30 Uhr hat
man das normalerweise geschafft, was sich gut trifft, da
man das Zelt jetzt eh verlassen muss.

Nach einem kurzen Intermezzo im Teufelsrad steht man
gegen Mitternacht wieder in der S-Bahn. Die ganz großen
Verlierer ergattern einen Sitzplatz und spielen den Rest der
Nacht schlafend S-Bahn-Tennis, indem sie mehrmals von
Endhaltestelle zu Endhaltestelle fahren. Sie lassen sich dann
im Morgengrauen von ihren verständnisvollen Frauen in Gel-
tendorf, Ebersberg oder Buxtehude abholen. Selbst wenn ich
so etwas schon einmal selbst erlebt hätte, würde ich es nie
zugeben. Seitdem stelle ich mich nach übermäßigem Alkoholkonsum in öffentlichen Verkehrsmitteln immer hin.

Oft trifft man auf dem Weg nach Gröbenzell einen Be-
kannten und stellt zusammen erstaunt fest, dass man noch
etwas Durst hat. Und wie es der Zufall so will, liegt direkt
am S-Bahnhof Gröbenzell »Die Hexe«. Dort kann man sein
frisch erlerntes Liedgut gleich noch einmal zum Besten geben und dabei ein paar kleine Bierchen naschen.

Ich habe keine Ahnung, wie ich heimgekommen bin, als
mir Tom am nächsten Morgen »Ozapft is!« ins Ohr brüllt.

Luzie und Tom freuen sich sehr auf die Wiesn. Sie sehen
auch sehr süß aus in ihrer Tracht, aber ich will weiterschla-
fen. Während des Schlafs soll der kleine Schlagzeuger aus
meinem Kopf verschwinden.

»Um halb acht hat dort noch nichts offen, lasst mich
noch bis elf schlafen, dann gehen wir los«, versuche ich die
beiden abzuwimmeln.

»Es ist halb eins«, sagt meine Frau, »wir haben schon zu Mittag gegessen und dich schlafen lassen. Ich nehme an, dein Hunger hält sich sowieso in Grenzen. Aber jetzt müssen wir los, wenn unsere Kinder auf der Wiesn nicht allzu viele Alkoholleichen sehen sollen. Ich denke, du genügst ihnen.«

Eine halbe Stunde später sitze ich geduscht in der S-Bahn. Der Schlagzeuger spielt gerade das Solo seines Lebens, und ich glaube, einen der S-Bahn-Schläfer von letzter Nacht wiederzuerkennen. Ich beneide ihn, sicher fährt er jetzt heim.

Auf der Theresienwiese gehen wir gleich in Richtung der Karussells. Die Schaustellerstraße kenne ich nur vom Hörensagen, denn ich wurde von den Jungs aus meinem Fußballverein auf der Wiesn sozialisiert. Sie redeten mir von Anfang an ein, dass Fahrgeschäfte nichts für uns wären.

Und sie hatten recht. Alles hier dreht sich so schnell. Ich weiß gar nicht, wo ich hinschauen soll. Obwohl, der einzige Ort, an dem ich jetzt nicht lieber wäre als hier, ist ein Bierzelt.

Also gebe ich mir einen Ruck, schließlich wollen die Kinder Spaß haben. Ich kann sie zum Riesenrad überreden. Das bewegt sich schön langsam. Ich versuche, nicht nach unten zu schauen, und kuschle mich an meine Frau. Obwohl sie sauer ist, streicht sie mir übers Haar. Es tut wahnsinnig weh, aber ihr Verständnis tut mir gut.

Bis sie sagt: »Tom will unbedingt mit dir Auto-Scooter fahren. Ich hab euch schon mal fünf Chips besorgt.«

Nach der zweiten Fahrt im Auto-Scooter hat Tom allerdings keine Lust mehr. Er fände es langweilig, dass wir gegen kein anderes Auto gestoßen sind, sagt er. Da hat sich

einerseits mein beim ADAC absolviertes Fahrertraining ausgezahlt, andererseits habe ich wohl den anderen Kindern
durch meinen Gesichtsausdruck signalisiert, dass sie, falls
sie uns rammen, zum letzten Mal an diesem Tag oder in ihrem Leben gelacht hätten.

In der Geisterbahn bessert sich meine Laune allmäh-
lich. Ich zwicke im Vorbeifahren einem Studenten, der als
Geist jobbt, so fest in den Oberschenkel, dass er richtig er-
schrickt. Tom und Luzie sind begeistert.

Luzie nutzt meinen schwachen Moment sofort aus und
zieht mich zu diesem Olympia-Looping-Scheiß. Schon
während des Hochfahrens bin ich mir sicher, einen großen
Fehler begangen zu haben.

Ganz sicher bin ich mir, als ich von oben runterblicke
und wir einen Augenblick später mit ungefähr 230 Stun-
denkilometern in die erste Kurve rauschen. Ich hoffe, dass
Luzie wenigstens weint und denke, dass sie das nun davon
habe, aber ich höre sie begeistert kreischen. Auch gut, so
kann ich mich wenigstens um mich kümmern. Als wir in
den zweiten Looping einfahren, überlege ich, ob ich, wenn
ich am höchsten Punkt kotzen würde, mein Erbrochenes
unten ins Gesicht bekäme. Oder mein Hintermann, was
eindeutig witziger wäre. Weiter komme ich nicht mit meinem Gedankenspiel, weil mir schlecht wird. Ich finde mich
selbst ein wenig ekelhaft.

Nachdem die Sieben-Euro-Fahrt nach siebzig Sekunden,
einer gefühlten Ewigkeit, endlich zu Ende ist und ich wieder einigermaßen geradeaus gehen kann, will sich Anna
eine *Mass* im Hacker-Biergarten gönnen. Sie weiß genau,
was sie von mir verlangt, es ist ihr aber vollkommen egal.
Auf dem Weg dahin kaufe ich den Kindern für einen halben

Monatslohn ein paar Süßigkeiten und Spielsachen. Wenn sie mich dafür in Ruhe lassen und ich auch nur zehn Minuten am Tisch wegschlummern kann, ist das Geld prima investiert.

Und tatsächlich läuft es anfangs gut. Die Kurzen spielen und stopfen sich die gesunden Köstlichkeiten rein, Anna genießt das übelriechende Bier und hält ihren Kopf in die Sonne, und ich trinke mein echt günstiges Spezi und halte meinen Kopf fest zwischen beiden Händen.

Ich bin kurz vor dem Einschlafen, als mein fränkischer Freund Dinkel mit zwei Fäusten auf den Tisch schlägt und losbrüllt:

»Mensch, der Keidel, ich gläbbs ja net! Und? Schmeckt dei Spezi? Spinnst du a weng, oder was? Herr Ober, eine *Mass* für den Herrn!«

Dingo war noch vor mir nach München gezogen und hatte schon zur Zeit meiner Ankunft ein festes Ritual: Jedes Jahr nahm er zum Oktoberfest zwei Wochen Urlaub, hob zweitausend Mark ab und trank jeden Wiesn-Tag mindestens eine *Mass*, manchmal auch sechs oder sieben.

»Na, Dingo«, sage ich deutlich weniger euphorisch, »ziehst du die sechzehn Tage immer noch durch?«

»Sicher«, antwortet er, »nur mit dem Unterschied, dass ich jetzt zweitausend Euro abhebe.«

Ich bin sprachlos. Der Typ hat mittlerweile drei Kinder und wohnt in Kempten, wie macht er das bloß?

»Du hast drei Kinder und wohnst in Kempten, wie machst du das bloß?«, frage ich ihn.

»Ach, weißt du«, sagt er, »ich nehm mir für die zwei Wochen immer 'ne Pension. Seit sieben Jahren quasi als Abo. Nicht teuer.«

»Und deine Frau hat da nichts dagegen?«, will ich mit einem Seitenblick auf meine Frau wissen.

»Ne, warum, die hat mich doch so kennen- und liebengelernt. Aber was anderes: Ich treff mich nachher noch mit den Jungs aus Laim. Wir wollten ins Hacker und danach ins Weinzelt. Ab vier is dann Afterhour im Löwenbräu-Keller. Seid ihr dabei?«

»Naja«, sage ich, »Anna muss die Kinder heimbringen, aber ich wär dabei.«

Ich mache ein ernstes Gesicht dazu und schaue Anna an.

Dingo prustet los: »Mann, ihr glaubt ja jeden Scheiß. Ich war gestern mit der Firma hier und bin heute früh um sechs in der S-Bahn in Ramersdorf aufgewacht. Blöderweise hatten wir zu Hause Familiennachmittag auf der Wiesn ausgemacht. Jetzt bin ich seit drei Stunden da, war sogar schon im Olympia-Looping und habe aktuell sehr große Magenprobleme.«

Was für eine arme Sau.

Aber mal ehrlich, wieso geht der Depp an einem Samstag auf die Wiesn?

Wettnageln

Keine Ahnung, wie wir da hingekommen waren. Entweder war Restalkohol im Spiel oder wir standen einfach plötzlich davor, und einer zahlte spontan den Eintritt. Jedenfalls war ich mit Andi und Breiti im Deutschen Museum. Was einem gespielten Witz sehr nahe kommt: Breiti, Andi und ich in einem Technik-Museum.

Keiner von uns kann ernsthaft eine Schraube in die richtige Richtung drehen oder weiß auch nur annähernd, wie eine Dampfmaschine funktioniert.

Beim Wettnageln auf der Skihütte – und ich spreche hier nicht von Sex – waren wir willkommene Opfer. Wir machten uns beim Versuch, die Nägel im Holz zu versenken, lächerlich, und die anderen bekamen kostenlos Schnäpse. Manchmal standen Fremde mit großem Sicherheitsabstand um uns herum und amüsierten sich köstlich über unsere Slapstickeinlagen.

Oft mussten die Angestellten der Schnee-Bar hinterher den Nagelbock oder den Hammer auswechseln. Von den Nägeln ganz zu schweigen. Einige Nägel konnte man hinterher nicht mehr als solche identifizieren. Sie waren zu kleinen Metallwürfeln mutiert oder machten Verrenkungen, die die anwesenden Handwerker zu Tränen rührten. Andere Nägel hatten mehr Glück, sie blieben unversehrt, obwohl viele Male auf sie gezielt worden war.

Kurzum, wir hatten im Deutschen Museum nichts verloren. Und wir würden auch nichts finden. Zumindest nichts, was uns beeindrucken würde, und nichts, was wir kapieren konnten.

Das wurde uns bereits an der ersten Praxis-Station klar, wo Kleinkinder irgendwelche Stromkreise schlossen und dadurch Lampen zum Glühen brachten. Verrückt, was Kinder alles können!

Als ich es selbst versuchen wollte, hielten mich meine Freunde zurück.

»Du willst doch nicht als erster Besucher an dieser Station sterben!«, meinte Andi. »Deine Kinder brauchen dich noch!«

»Wofür?«, wollte ich wissen. »Ins Deutsche Museum jedenfalls gehen sie besser mit ihrer Mutter.«

Wir einigten uns darauf, die Praxisteile auszulassen, und schauten uns lieber alte Autos an. Da wussten wir wenigstens, wozu man sie benutzt.

Sogar mein Traumauto hatten sie da, einen Citroën DS.

»Geil«, schwärmte ich, »so einen will ich später mal.«

»Ja«, sagte Breiti, »du bist genau der Richtige für einen Oldtimer. Wird bestimmt nicht teuer, wenn du sogar zum Kühlwasser nachfüllen in die Werkstatt musst.«

»Kühlwasser?«, fragte ich nach.

»Zu kompliziert«, sagte Andi, »lasst uns ins Museumsrestaurant gehen. Vorausgesetzt, wir müssen das Bier dort nicht selbst brauen.«

Einen Wimpernschlag später nippte jeder an seinem Pils, alle wirkten irgendwie deprimiert.

Andi schaffte es zuerst, seine Gedanken in Worte zu fassen: »Ist doch egal, wir können andere Dinge.«

»Was meinst du genau?«, fragte Breiti. »Was konnten wir jemals gut in unserem Leben? An Fasching vier Tage durchfeiern oder BWL-Vorlesungen sausen lassen?«

»Zum Beispiel«, sagte ich, »da fand ich uns früher richtig stark. Außerdem können wir überdurchschnittlich gut ehemalige Fußballer aufzählen und uns über sie und/oder ihre Namen lustig machen.«

Uns fielen ad hoc Mladen Pralija, Peter Loontiens, Roman Geschlecht, Gregor Grillemeier, Ata Lameck, Vlado Kasalo, Karl-Heinz Wöhrlin, Gerard Plessers und Alan McInally ein.

»Jaja«, sagte Breiti, »das können wir echt gut. Asgeir Sigurvinsson. Aber was können wir noch?«

Die Sache fing an, uns zu amüsieren.

Am Ende unserer Überlegungen war uns noch eingefallen: beim Weggehen einen Hunderter ausgeben, in Diskotheken auf den Boxen einschlafen und am nächsten Tag erst dann aufstehen, wenn die meisten anderen schon wieder von der Arbeit heimkamen.

Was sich vielleicht erst einmal nicht so spektakulär anhört, aber hey, das kann nicht jeder.

»Jetzt mal Spaß beiseite.« Andi wurde ernst.

»Wie sähe die Welt wohl aus, wenn es nur Typen wie uns gäbe? Was hätten wir wohl erfunden?«

Vor meinem geistigen Auge kickten wir nackt vor einer Höhle.

»Naja, einen Fußball hätten wir bestimmt erfunden. Vielleicht keinen aus Leder, aber wahrscheinlich einen aus Lehm oder Laub.«

»Bier hätten wir zwar keines, aber früher oder später hätten wir sicher gemerkt, dass gärende Früchte ganz schön knallen«, meinte Breiti. Er sah sehr stolz aus. »Und irgendwelche Gräser zum Rauchen hätten wir auch gefunden.«

Andi musste lachen. »Und wer von uns dreien hätte wohl das Feuer erfunden?«

Betretenes Schweigen. Gut, geraucht hätten wir nicht.

Wieder prustete Andi los. »Volker, du hättest wahrscheinlich das Skifahren erfunden. Nur nicht auf Schnee, sondern auf Rollsplit. Weißt du noch, wie du beim Après-Ski in Saalbach vor der Disko im Rollsplit abgeschwungen bist?«

»Erinnern kann ich mich nicht, aber du hast es mir oft genug erzählt. Glaubt ihr, wir könnten uns überhaupt Geschichten von früher erzählen?«

»Ich bräuchte das Reden jetzt nicht unbedingt«, antwortete Breiti, »aber geh mal davon aus, dass unsere Frauen die Sprache erfunden hätten.«

»Hm«, sagten wir gleichzeitig, bevor wir wieder einige Minuten nachdachten.

Dann fasste Andi zusammen: »Wenigstens kämen wir sicher nie in die Verlegenheit, ein Technik-Museum besuchen zu müssen. Lasst uns in den Biergarten gehen!«

# Old Munich sucks

Als ich vor über fünfzehn Jahren nach München kam, war ich begeistert. Es war im Februar, es lag pulvriger Schnee und die Sonne schien. Mein Mitbewohner Steve, auch ein Würzburger, zeigte mir die Stadt.

Wir schlenderten den Nymphenburger Kanal entlang, auf dem Kinder Schlittschuh liefen und rotnasige Väter Glühwein tranken.

Später führte mich Steve in den Hirschgarten, und tatsächlich saßen da Leute im Freien und tranken Bier. Ein-Liter-Biere.

Wahnsinn, genau mein Wetter. Ich wusste, hier würde ich mich wohlfühlen. So war es auch. Der Job machte Spaß, ich fand Freunde, halb Würzburg war eh da und im Sommer gefiel es mir noch besser, im Biergarten zu sitzen.

München hat genau die richtige Größe, und das Schickimicki-Vorurteil bestätigte sich nicht, was wohl auch an den Kreisen lag, in denen ich mich bewegte.

Alles prima, nur auf das Oktoberfest würde ich nie gehen, das stand fest.

Ich hatte genug davon im Fernsehen gesehen, aus dem Alter war ich raus.

Nach großer Überredungskunst seitens meiner Freunde ging ich dann am ersten Wiesntag doch mal mit. Um als

Erster auf dem Tisch zu tanzen und als Letzter das Zelt zu verlassen. Eine großartige Veranstaltung!

Im ersten Jahr war ich fünf Mal da, in den beiden darauf folgenden Jahren sieben und neun Mal.

Einzig im Fußballverein lief's nicht optimal. Ich saß auf der Bank. Noch einmal zum Mitschreiben: *Ich* saß auf der Bank.

Auch mein Humor kam nicht wirklich an. Ich riss Witze, zum Teil richtig gute. Witze, bei denen Würzburger zusammengebrochen wären. Unter den Tischen hätten sie gelegen, hätten nach Luft gejapst und »Aufhören, bitte hör auf!« geschrien.

Die Münchner dagegen schauten mich kurz fragend an, um sich dann mit jemand anderem weiter zu unterhalten.

Lachen konnten sie dafür, als ich statt eines Knödels einen »Kloß mit Soß« bestellte. Wie witzig!

Auch das Mädchen, das einmal meine Frau werden sollte, lachte sich kaputt, als ich eine Maß Bier orderte.

»*Mass* heißt das«, sagte sie, »das andere ist ein Schokoriegel.«

Wie witzig – Teil zwei.

Okay, ich schluckte die Maßregelung und lernte, dass eine Bauchspitze hier Wammerl hieß, ein Brötle war eine Semmel und ein Hefe kein Hefe, sondern ein Weißbier.

Ich fand heraus, dass ich Münchner, die meine Witze nicht gut fanden, einfach beschimpfen musste. Schon lachten sie. Oder ich sagte einfach »Kloß mit Soß«. Dann sagten sie »Saupreiß« zu mir und hatten ihren Spaß. Diese Grattler!

Damals nahm ich alles hin – ich war jung und brauchte Kontakt –, heute weiß ich, was mit Münchner Arroganz gemeint ist. Das hat nichts mit Schicki-Micki und Geld zu tun, das findet am Stammtisch, im Supermarkt, im täglichen Leben statt.

Es ist ein falsches Traditionsbewusstsein, das es so nur in München gibt.

Oder höchstens noch in Barcelona. Die nerven ähnlich mit ihrem Catalan und dem Gelaber von der eigenen Nationalmannschaft.

Egal, ich werde mich in Zukunft wehren.

Das Fass zum Überlaufen brachte ein Metzger.

Wenn ich an der Fleischtheke acht Paar Weißwürste bestelle, weiß ich selbst, dass man in Oberbayern sechzehn Stück sagt. Ich habe es nur vergessen. Ich muss mich nicht blöd anpflaumen lassen und mir auch nicht sagen lassen, welchen Senf ich dazu essen müsse. Ich bin über vierzig Jahre alt, in München komme ich mir ab und zu wie fünfzehn vor.

Ich muss mir nicht vom Busfahrer, den ich mit »Guten Morgen« begrüße, mit »wääh« antworten lassen.

Ich muss mich nicht von einer sechzigjährigen Bedienung im Augustiner (als Bier überschätzt) schlecht behandeln lassen, nur weil das der Münchner Charme sein soll. Auch eine Bedienung sollte »danke« und »bitte« sagen oder zumindest überhaupt reden können.

Deshalb und nur deshalb, nicht weil ich ein Unsympath wäre, gehe ich heute zuerst zum Bäcker.

Ich bestelle eine im heißen Fett ausgebackene Hefeteignudel, weil ich »Auszongne« nicht sagen will.

Dann gehe ich zu meinem Freund, dem Metzger. Ich bestelle drei Paar Weißwürste und knalle ihm die von mir gebastelte »Weißwurst-Umrechnungstabelle« mit dem Zweier-Einmaleins auf die Theke.

»Ach ja«, sage ich, »und noch ein halbes Kilo Hack-fleisch, wenn Sie wissen, wie viel das in Pfund ist. Ich esse nämlich so gerne Weißwurstlasagne.

Total lecker, müssen Sie mal probieren. Aber erst nach 23 Uhr, is' Tradition. Dazu ein Bananenhefe, ein Traum. Und eins ist noch ganz wichtig: auf keinen Fall zuzeln.«

Ich zwinkere ihm zu und gehe zu meiner Kassenperle, die sich am Vortag, als ich bezahlen wollte, mit ihrer Kollegin unterhalten hat, ohne ein einziges Wort an mich zu richten oder auch nur einmal hochzublicken.

Sie wiegt gerade das Gemüse eines Bankfuzzis. Ein Elfmeter für mich.

»Grüß Gott«, sage ich zu ihr, »was macht eigentlich Ihr handtellergroßes Furunkel unter der Achsel? Eitert es noch so schlimm?«

Als ich kurz darauf – ich wurde zügig bedient – den Laden verlasse, sehe ich Gemüse im Abfalleimer liegen.

Ich genieße die letzten Sonnenstrahlen und schlendere zum Löwenbräu (als Bier weit überschätzt). Meine gute Laune hat mich hungrig gemacht.

Außerdem hat der HSV letzte Woche in München gewonnen. Ich möchte mein HSV-Trikot noch etwas ausführen.

»Was mengas?«, fragt die schnucklige 120-Kilo-Bedienung.

»Wääh«, antworte ich, »Karte!«

»Kommt sofort, der Herr!« Na also, geht ja.

Nebenan sitzen die Jungs vom Stammtisch. Ich warte auf den ersten Bildzeitungniveauspruch.

Nach einer Sekunde sagt einer: »Die Bolidiker, die kannst alle in oan Sack neischmeißn und mim Knüppl draufhaun, da driffst garandierd an Richdign. Hohohoho.«

Jaja, die Rentner. In der U-Bahn sagt keiner mehr einen Pieps, weil's da ab und zu mal eine auf die Zwölf gibt, aber am Stammtisch ein großes Maul haben.

Sie schimpfen über die Merkel, über Hoeneß, über den HSV und über Ausländer, insbesondere Franken. Sie schimpfen über das ungerechte Leben, über ihre Frauen und über andere Frauen, und sie schimpfen über Wulff, obwohl sich keiner von ihnen ohne »Vitamin B« und krumme Geschäfte auch nur ein Bier leisten könnte.

Und nach all den Jahren schimpfen sie immer noch über das Rauchverbot. Der Hammer! CSU-Wähler schimpfen über das Rauchverbot!

Ich würde ihnen gern raten, sich vielleicht bei der nächsten Wahl anders zu entscheiden, aber ich lasse es lieber, denn der Weg von der CSU zur NPD ist einfach zu kurz.

Stattdessen werde ich an meinem Tisch eventuell auch einen Stammtisch eröffnen. Darüber werde ich ein Schild hängen:

»Más integración! Wir wollen eine bessere Integration andersdenkender und anderssprechender Menschen, insbesondere Ausländer und Franken.

Außerdem wollen wir mehr Respekt vor HSV-Fans und überhaupt verpflichtende Benimmkurse für alte Münchner.«

Jetzt jedoch schlage ich die Speisekarte auf. Ich muss lachen. Fränkische Wochen. Ich bestelle ein Bananenhefe und einen Kloß mit Soß.

Die Bedienung sagt: »Wääh!«

 **Bamberger Schlenkerla**

Es ist nicht gut, Alkohol zu trinken. Das hab ich ja schon oft gesagt. Ganz schlimm, liebe Kinder, ist es, Alkohol zu trinken und danach Auto zu fahren. Sehr dumm ist das sogar. Und obwohl ich eigentlich sehr klug bin, ist mir das damals in Franken ein oder zwei Mal passiert.

Das soll jetzt keine Entschuldigung sein, aber wir hatten früher ja nicht viel in Würzburg. Außer unser Auto und den Cola-Asbach-Stiefel.

Naja, mein Studium hatte ich noch und meine Kommilitonen in Bamberg. In Bamberg war dann auch dieses Fest. Und schwupps, hatte ich mein Auto voll mit vier Freunden und Cola und Asbach und dem Stiefel. Wir wollten den Strebern mal zeigen, was ein richtiges Hütchen ist.

Zuerst wollten sie mich gar nicht reinlassen. Sie erkannten mich nicht, weil ich so selten in der Uni war.

Dann wurde es aber schnell sehr lustig und der Stiefel zum Held des Abends.

An Einzelheiten kann ich mich nicht mehr genau erinnern. Das Fest war jedenfalls so gut, dass die Polizei kam.

Sie waren kaum an der Türschwelle, da grölte Murphy los: »Was ist grün und stinkt nach Fisch?«

Alle schauten ihn mit großen Augen an.

»Werder Bremen!«

Nicht sehr geistreich, aber ich fand's lustig.

Und weil es gar so lustig war, wollten wir, kurz nachdem die Bremer weg waren, noch ins »Downy«, eine Disko in der Bamberger Innenstadt, auf deren Tanzfläche ich während meines Studiums große Erfolge feierte.

Unvernünftigerweise setzte ich mich ans Steuer. Damals waren noch sportliche 0,8 Promille erlaubt, doch auch die hatte ich schon zwei Stunden zuvor erklommen.

Wir fuhren Richtung Disko und ließen zur Einstimmung sehr laute Musik laufen, sonst hätte ich das Martinshorn hinter uns wahrscheinlich gehört.

Irgendwann bemerkte ich dann das Blaulicht.

Ich verringerte die Lautstärke und sagte sinngemäß: »Oh, Freunde! Schaut mal, hinter uns, ein Notarztwagen. Ich gebe lieber mal richtig Gas, damit der besser vorankommt.«

Nachdem ich auf etwa siebzig Stundenkilometer beschleunigt hatte und der Krankenwagen noch immer hinter uns klebte, fuhr ich ein, zwei Schlenkerla rein in kleinere Straßen.

Dann drehte sich Breiti um und bemerkte richtig, dass es sich gar nicht um einen Notarzt, sondern um einen Streifenwagen handelte.

Mit einer witzigen Leuchtschrift auf dem Fahrzeugdach baten sie uns freundlich, umgehend stehen zu bleiben.

Da ich ein netter Kerl bin und mir eh schon schlecht war von der wilden Fahrt, kam ich der Bitte nach.

Als zwei Polizisten an meiner Fensterscheibe auftauchten, erkannten wir die Werder-Fans von der Party wieder. Das gab ein Hallo.

Vor allem, weil man die Scheibe nicht mehr runterkurbeln konnte und ich stattdessen die Tür öffnete und sie dem

Schutzmann gegen das Kinn knallte. Meine vier Mitfahrer lachten Tränen. Ich lachte nicht, weil ich wusste, ich würde meinen Führerschein frühestens in einem Jahr wieder zurückbekommen. Wenn ich da schon wieder aus dem Knast draußen wäre.

»Haben Sie Alkohol getrunken?«, fragte der aufmerksame Herr auch gleich, während er sich das Kinn rieb.

»Nein«, sagte ich, weil ich mal gehört hatte, dass man vor der Polizei nie etwas zugeben soll.

Ich glaubte heraushören zu können, dass die anderen jetzt noch um eine Nuance lauter lachten als vorher.

»Aussteigen«, befahl der zweite Polizist.

Ich dachte, sie würden mich sofort blasen lassen, doch sie fragten mich nach Führerschein, Fahrzeugschein, Verbandskasten und Warndreieck. Sensationellerweise hatte ich nichts davon dabei. Ich fand mich selber scheiße.

»Was haben Sie im Kofferraum?«, fragte Rune Bratseth.

»Keine Ahnung«, antwortete ich wahrheitsgemäß, »hoffentlich keine Leiche.«

Die Polizisten fanden das mittellustig, dann öffnete ich die Kofferraumklappe.

Jetzt musste ich zum ersten Mal auch lachen. Im Kofferraum lagen mein Schlitten und meine Ritterrüstung vom letzten Fasching. Immerhin hatten wir Mitte Mai, ich hatte anscheinend relativ wenig transportiert in letzter Zeit.

Kopfschüttelnd nahmen sie mich mit zum Streifenwagen.

Sie zählten mir noch einmal auf: »Kein Führerschein, kein Fahrzeugschein, kein Verbandskasten und auch beim Warndreieck: Fehlanzeige. Außerdem waren Sie nicht angeschnallt.«

»Doch, war ich!«, antwortete ich.

»Nein, warst du nicht!«, schrie Klafke aus dem Auto heraus, dann brüllten sie wieder vor Lachen.

»Sind Sie mit einem Bußgeld von dreißig Mark einverstanden?«, fragte der Beamte, und ich überlegte, ob sie mich tatsächlich nicht auf Alkohol testen wollten.

Ich konnte mein Glück kaum fassen.

»Selbstverständlich!«, sagte ich fast ein wenig zu euphorisch.

Und wirklich, sie gaben mir den Strafzettel und ließen mich gehen.

Ich setzte mich ins Auto und versuchte, nicht vor Glück zu weinen. Auch die anderen waren konsterniert, dass ich weiterfahren durfte.

Ich legte den Rückwärtsgang ein, um aus der Parklücke zu kommen, und stellte fest, dass die Heckscheibe zugefroren war.

»Du Depp«, sagte Stevie, »dein Kofferraumdeckel ist noch offen.«

Stimmt, dachte ich, im Mai frieren Autoscheiben selten zu.

Also stieg ich wieder aus. Ängstlich blickte ich zu den Polizisten. Dieses Mal lachten sie sich kaputt.

Und wir fuhren endlich ins »Downy«.

Während die anderen tanzten und feierten, stand ich nachdenklich an der Theke.

Es ist für mich bis heute unverständlich, dass ich meinen Führerschein in dieser Nacht nicht abgeben musste.

An dem Abend beschloss ich, nie mehr alkoholisiert Auto zu fahren.

Ich hielt es total lange durch.

O Tannenbaum

Tinis Stimme überschlug sich ein bisschen: »Da fährt uns dann der Bauer mit dem Traktor raus, und wir dürfen unseren Baum selbst schlagen! Das ist sooo romantisch!«

Ja, Tini wollte die Winteridylle mit jemandem teilen und uns mitnehmen aufs Land zum Christbaumschlagen.

Ich war eigentlich zum Fußballspielen verabredet, aber als liebevoller Familienvater sagte ich sofort zu.

»Überraschung!«, rief ich und kehrte an den Frühstückstisch zurück.

Die Kinder freuten sich wie Hulle, und Anna fragte mich, ob ich wirklich freiwillig aufs Kicken verzichten wolle.

»Selbstverständlich«, sagte ich, »gerade in der hektischen Vorweihnachtszeit ist es wichtig, nah bei der Familie zu sein und durch ein enges Miteinander einen Familienstreit schon im Vorfeld auszuschließen.«

Anna wusste, dass ich log, nahm mich aber liebevoll in die Arme.

In Wahrheit hasse ich es, auf Schnee zu spielen, außerdem spekulierte ich auf die beiden neu erschienenen HSV-Bildbände unterm Weihnachtsbaum.

Treffpunkt war bei Tini. Ich musste erst mal lachen. Die ganze Straße stand voll mit unseren Freunden, ihren Autos und ihren schreienden Bälgern. Sooo romantisch!

Nachdem sich alle Frauen euphorisch begrüßt und die

Männer einander mitleidig zugenickt hatten, konnte es losgehen.

Durch das hohe Verkehrsaufkommen hatten wir alle Mühe, unsere Kolonne von PKWs und Vans zusammenzuhalten.

»Ätzend, diese Wochenendausflügler!«, sagte Anna.

»Stimmt«, sagte ich.

Währenddessen fragte ich mich, warum heute alle ins Dachauer Hinterland fuhren statt in die Berge.

Einen ersten Hinweis bekam ich, als ich einen etwa sechs Jahre alten Jungen im Nachbarauto sah, der uns freudestrahlend eine Motorsäge präsentierte.

Zwei Minuten später standen wir im Rückstau vor der Ausfahrt Sulzemoos.

Die Kinder fingen an zu quengeln. Tom war ein wenig krank, aber die Winterluft würde ihm sicher guttun.

Weitere 35 Minuten später befanden wir uns schon im Wirkungskreis der Parkplatzwächter.

Sie wirkten hochprofessionell, sicher wurden sie sonst bei »Rock im Park« oder bei Papstbesuchen eingesetzt. Als ich den Parkplatz sah, mutmaßte ich, dass es sich um einen Papstbesuch handeln musste.

Wenn auch nur ein Zehntel der Autobesitzer hier vor uns einen Baum schlagen würde, kämen wir frühestens in Norditalien zu unserem Christbaum. Flehend hielt ich Ausschau nach dem Papamobil.

Und nach dem netten Bauern, der seine Gäste mit Handschlag begrüßt, unsere Namen auswendig lernt und mit Tom und Luzie auf dem Schoß mit dem Traktor durch die winterliche Landschaft holpert und dabei Weihnachtslieder singt.

Stattdessen kamen wir nach einem längeren Fußmarsch vorbei an hupenden Autos – die frische Winterluft würde Tom guttun – zum Christbaum-Shuttle.

Die Besucher wurden durch die nachdrängenden Besucher auf offene Anhänger geschoben, und im Fünf-Minuten-Takt ging es Richtung Lichtung.

Das war Dichtung.

Die Menschenmasse hatte Lukas, Tinis zehnjährigen Sohn, vor mich gespült.

»Das hier sieht ein bisschen aus wie das, was wir gerade in Geschichte durchnehmen«, flüsterte er.

»Pssst«, sagte ich, »das sagt man nicht.«

Dabei versuchte ich, mit geschlossenem Mund zu sprechen, damit man mein Zahngold nicht sehen konnte. Dann nahm ich meine beiden blonden Kinder auf den Arm.

»Ich will heim«, sagte Tom.

»Sei ruhig, die Winterluft wird dir guttun.«

Endlich waren wir auf dem Anhänger. Die Fahrt war dann lustig, aber wer gedacht hatte, wir würden gleich Christbäume schlagen und dann wieder nach Hause düsen, sah sich getäuscht.

Wir mussten umsteigen. An der Zwischenstation ging es zu wie auf der Wiesn. Es gab Schnaps und Glühwein, Würstel und Leberkäs. Hier und da wurde geschunkelt, und die Schlange vor dem Dixie-Klo war lang.

Aus Frust kaufte ich mir eine Bratwurst.

Als Tom sah, wie ich hineinbiss, wurde er grün im Gesicht.

»Die Winterluft wird …«, fing ich an, musste dann aber erstaunt abbrechen, als ich die immense Fontäne sah, die Tom aus 1,50 Meter Abstand auf Anna kotzte.

»… ihm guttun«, vollendete ich den Satz.

Wir dachten ans Aufgeben, aber es gab kein Zurück. Der Shuttle fuhr nur in eine Richtung. Außerdem wäre es blöd gewesen, nach all den Strapazen ohne Baum heimzukommen.

Also rannten wir durch den Nordmanntannengarten und suchten uns eine aus.

Ich hätte in Anbetracht der Tatsachen die erstbeste genommen, aber ich hatte leider eine Frau dabei.

»Du würdest dich das ganze Weihnachtsfest über ärgern«, sagte sie und schaute sich jeden Baum einzeln an. Vor die Bäume, die in die engere Auswahl kamen, ließ sie Tom kotzen, damit sie kein anderer nähme.

Gut eineinhalb Stunden später waren wir wieder am Shuttle-Hauptbahnhof.

Anna legte den erschöpften Tom auf einen idyllischen Strohballen, ich wollte mit Luzie schnell das Auto holen.

Blöderweise hatte es mittlerweile um die fünfzehn Grad, und der am Morgen noch gefrorene Parkplatz hatte sich in eine Schlammwüste verwandelt. Unser netter, uriger Bauer hatte mit seinen fünfzig Kumpels alle Hände voll zu tun, die achttausend Autos aus dem Schlamm auf die Straße zu ziehen. Unnötig zu erwähnen, dass auf der Straße gar nichts mehr ging und ich erst einmal vierzig Minuten am selben Fleck stand.

Wahnsinn, wie die ehemals so souveränen Parkplatzkönige sprichwörtlich im Boden versanken, nur weil sie von allen Seiten angeschrien wurden.

»Bleibt locker, Jungs, dafür hat euer Baum nur dreißig Euro gekostet«, schrie ich durch das geöffnete Fenster, musste es aber ganz schnell wieder schließen, da es

Schlamm regnete. Schließlich wollte ich nicht aussehen wie Tom und meine Frau.

Diese schleppte sich irgendwann mit dem schlafenden Tom auf dem Arm ins Auto, und irgendwann ging es auch weiter.

Im Auto stank es wie nach einem Konzert. Wir lachten Tränen, als wir unseren idyllischen Tag noch einmal Revue passieren ließen.

Auch über die Tatsache, dass unser Baum gar nicht ins Auto gepasst hatte. Ich wollte ihn schon in den Dreck schmeißen, aber nicht umsonst waren wir mit sieben Autos da, und er fand Platz in Andrés VW-Bus.

Daheim angekommen wartete die letzte Aufgabe des Tages.

Anna musste noch ihre vor halbverdauten Essensresten und Dreck strotzenden Kleider falten, damit sie in die Waschmaschine passten, dann war Ruhe.

Tom und Luzie schlummerten friedlich auf dem Sofa. Ja, die Winterluft.

# Kaufhauszombies

Schweißgebadet wache ich auf. Ich bin ein bisschen nervös die Tage, weil ich Buchhändler im Hugendubel bin. Gerade habe ich wieder einen Zehn-Stunden-Tag geträumt. Das Weihnachtsgeschäft erlebe ich Jahr für Jahr zweimal. Einmal tagsüber, einmal nachts. Heute Nacht ist ein alter Mann immer und immer wieder zu mir an den Einpack-Service gekommen und hat sich 99 unförmige 99-Cent-Schnäppchen verpacken lassen. Und dann beim 99sten ist mir immer aufgefallen, dass ich vergessen hatte, die Preisetiketten abzuziehen – und wieder von vorne und von vorne.

Jetzt aber schnell ab unter die Dusche und zur S-Bahn. Da stehen sie schon alle, und alle wollen nachher zu mir. In Gruppen rotten sie sich zusammen und trinken mitgebrachten Glühwein.

In der Bahn muss ich stehen, aber macht nix, ich bin ja ausgeschlafen.

Vor dem Hugendubel warten sie schon, wie Kaufhauszombies, mit hässlichen, schlechtgelaunten Fratzen. Ich weiß, dass sie mich töten wollen, aber ich muss aufschließen, sagt meine fiese Chefin. Die Kunden entern den Laden und überrennen das Personal wie damals bei der Eröffnung des ersten Media-Markts in Polen.

Nachdem ich mich wieder aufgerappelt habe, versuche ich, zusammen mit meinen Kollegen die bestellten dreieinhalb Tonnen Bücher wegzuräumen, werde dabei aber immer wieder mit beknackten Fragen bombardiert.

Ein ungefähr Sechzehnjähriger mit unglaublich lautem iPod-Sound tippt mir auf die Schulter: »Ej, ich brauch da so'n Buch von Goethe, irgendwas mit Delfinen!«

Obwohl wir ihn auslachen und ihm raten, den genauen Titel beim Lehrer zu erfragen, bleibt er bei seiner Meinung. Schließlich zieht er sein Handy raus und schaut nach.

»Na also, wusste ich es doch«, sagt er stolz. »*Die Walverwandtschaften*!«

Kurze Zeit später kommt noch einer, anscheinend sein Kumpel aus der Baumschule, und hätte gerne *Homo Faber mag's frisch*. Und dann noch einer aus der Klasse darüber, der *Er isses* von James Joyce will.

Ich wende mich ab und sehe gerade noch aus dem Augenwinkel, wie ein kleiner Junge auf einem Atlas die Treppe runterrutschen will. Wie aus Versehen klatsche ich ihm im Vorbeigehen einen Tolstoi ins Gesicht. Als er nach seiner Zombie-Mama schreien will, ziehe ich ihn so fest am Ohr, dass ihm die Luft wegbleibt. Sicher könnte man eine derartige Situation auch anders lösen, aber halt nicht im Weihnachtsgeschäft.

Da steht schon der nächste Kunde vor mir: »Sind Sie Info?«

»Ja, ich Info, Sie jetzt fragen.«

»Äääh, haben Sie das Buch *Scheiß Karma*?«

»Sie meinen *Mieses Karma*?«

»Ja, *Mieses Karma*, scheißegal.«

»Sie meinen miesegal?«

Ein unterirdischer Witz, aber wenigstens hält er die Klappe und überlegt.

Gut gefällt mir auch, wenn Omis Titel wollen wie *Alles rinn innen Pott – Leichte Gerichte der Nachkriegszeit*. Und wie sie aus allen Wolken fallen, wenn man ihnen sagt, dass dieses Buch seit 1951 vergriffen ist.

Weil man im Weihnachtsgeschäft nicht immer witzig sein kann, lasse ich mich von meinem schlichten Gemüt hinreißen und sage zu der Omi: »Aber wenn Sie unbedingt was mit Pott wollen, nehmen Sie doch einen Harry Potter.«

Als sie »Mary was?« antwortet, stelle ich sie einfach neben die anderen Omas in den Aufzug.

Dann wird mir vom Detektiv eine Ladendiebin übergeben. Ich nehme sie mit ins Büro. Sie ist um die dreißig und sieht sehr gut aus. Ich schließe die Tür ab und frage sie, wie sie das Problem wohl aus der Welt schaffen wolle. Bitte verstehen Sie mich nicht falsch, aber an einem Adventssamstag bleibt einfach keine Zeit für Dinge wie Polizei holen oder Anzeige schreiben.

Nach der Zigarette stelle ich mich an die Kasse. Mein Lieblingsjob.

Prompt will die erste Kundin, die Oma aus dem Fahrstuhl, zehn Gutscheine à 9,99 Euro. Vielleicht hätte ich sie doch besser beraten sollen. Sie hätte die Gutscheine gerne handgeschrieben, mit dem goldenen Stift, den sie mir reicht. Als ich alle ausgefüllt und um jeden Umschlag ein Schleifchen gezaubert habe, fragt sie mich, ob ich die Namen reingeschrieben hätte.

»Welche Namen?«, frage ich.

»Raten Sie doch mal«, sagt sie und freut sich.

Ich ziehe in Erwägung, sie mit dem Geschenkband zu erdrosseln, dann ist es aber doch ganz leicht. Schließlich arbeite ich in einem Einkaufscenter.

Die Namen ihrer Enkel lauten Jacqueline, Justin, Dustin, Marvin, Kevin, Robin, Désìréè, Mandy, Giesing (siehe Brooklyn) und Ann-Kathrin-Marie-Lena.

Der letzte Name passt leider nicht auf einen Gutschein, sodass ich ihn splitten muss. Zweimal 4,99 Euro. Könnte Ann-Kathrin-Marie-Lena rechnen, gäbe das sicher Ärger unterm Weihnachtsbaum.

Apropos Ärger. Die Kassenschlange ist inzwischen so lang, dass die Letzten in der Reihe praktischerweise schon kleinere Einkäufe im gegenüberliegenden Karstadt erledigen können.

Mittlerweile pflaumt jeder jeden an. Eine dicke Frau flippt aus, weil es eine Unverschämtheit sei, dass die Fitnessbücher im ersten Stock stünden, und ob ich denn ernsthaft glaube, dass sie die Treppe hochlaufe. Vor meiner Nase streiten sich zwei Kunden, ob der Autor von *Säulen der Erde* jetzt Ken Folter oder Ken Florett heiße. Sie einigen sich darauf, einfach unter »K« im Alphabet nachzuschauen und gehen weg in Richtung Klassiker.

»Halt«, rufe ich ihnen hinterher, »falls Sie auch seinen Titel *Tore der Welt* suchen – den finden Sie in der Fußballabteilung!«

Ich brauche kurz zehn Minuten für mich, deshalb stelle ich mich selbst in die Kassenschlange. Es klappt, kein Kunde spricht mich an.

Plötzlich die Durchsage: »Der kleine Felix sucht seine Eltern …«

Sofort sprinte ich zum Informationstresen des Einkaufscenters.

»Ja, ja, Großfamilie«, sage ich, weil ich heute schon zum fünften Mal ein Kind abhole. Ich führe den Jungen an der

Hand und mit einer vorgetäuschten Pistole in der Jackenta-sche zum Hugendubel, wo ich ihn in den Aufenthaltsraum zu den anderen Kindern sperre. Sie erledigen dort kleinere Aufgaben wie die Kassenabrechnung oder Marktanalysen. Jeden Abend bringe ich die kleinen Scheißer zurück in ihre Familien und kassiere dicke Belohnungen.

Auf dem Weg zurück zur Kasse spricht mich eine Frau an. Ihre Freundin habe ihr erzählt, was ich mit Ladendie-binnen mache. Sie fragt, ob das auch ohne Klauen möglich wäre. Ich schaue auf die Uhr. Mittagspause. Heute mal im Büro.

Nach der Zigarette kommt eine Frau mit Jute-Tasche und selbstgestricktem Pulli zur Info. Sie fragt mich, ob unsere Plastik-Spielsachen auch komplett in Deutschland produ-ziert werden.

»Logisch«, sage ich, »die Leute bekommen 42 Euro die Stunde und zwölf Euro gehen direkt an Greenpeace.«

Gut, ich habe keine Ahnung, wo das Zeug herkommt, aber sie wollte bestimmt nichts hören von chinesischen Vorschulkindern, die sich nach ihrer Schicht im Bergwerk noch ein paar Cent dazuverdienen.

Die Nächste hält mir zusammen mit ihrer Fischsemmel *Die Päpstin* unter die Nase und fragt: »Ist das ein hysteri-scher Roman?«

»Das können Sie laut sagen«, schreie ich und beiße in ihre Fischsemmel, »erst gestern wollte ich sie, *Die Päpstin*, auf die Pyramide legen. Da hat die herumgeschrien, dass sie nicht immer bei den ganzen anderen hysterischen Ro-manen liegen will und dass sie der Süskind mit seinem ekli-gen *Parfum* total aufrege und auch der *Medicus* mit seinen ewigen Gesundheitstipps ...!«

»Äh, danke«, sagt die Frau und das Kleinlaute in ihrer Stimme gefällt mir.

Meine Chefin zieht mich weg, ich solle dringend eine Pause machen – an der Kasse.

»Sagen Sie«, werde ich gleich gefragt, »haben Sie auch schwarze Tüten? Ich muss nachher noch auf eine Beerdigung.«

Apropos Tüten:

Aus Gründen der Zeitersparnis schaue ich die Leute an der Kasse immer nur an und frage: »Tüte?«

Ein Fehler, wie sich herausstellt. Ein 35-Jähriger baut sich vor mir auf und sagt auf sympathische Art und Weise: »Können Sie keine ganzen Sätze sprechen? Wir sind hier in einer Buchhandlung. Ist doch klar, dass Deutschland den Bach runtergeht bei so einer Arbeitseinstellung!« – »Entschuldigung«, antworte ich, »Entschuldigung, mein Herr, dass ich etwas kurz angebunden war. Hätten Sie nun die Güte, mir den durch Ihren Kauf geschuldeten Betrag auszuhändigen und auf kürzestem Wege unsere Buchhandlung zu verlassen. Sonst sehe ich mich nämlich gezwungen, Sie persönlich hinauszubefördern. Und, bevor ich es vergesse: Würde es Ihnen eine Freude bereiten, Ihre Bücher in einer recycelbaren Plastik-Tragetasche mit nach Hause zu nehmen?«

Ich merke selbst, dass ich etwas unentspannt bin, und gehe in den Pausenraum. Also vielmehr will ich hingehen, aber ich komme nicht durch die Zombie-Armee.

Einer packt mich am Ärmel: »Ich suche den Mörder meines Bruders!«

»Pssst«, flüstere ich zurück, »das könnte jeder hier sein.«

Dann gebe ich ihm den *Vater eines Mörders* von Alfred Andersch.

Langsam kommt der Spaß zurück, der Nächste hält einen Zettel in der Hand. Er möchte etwas bestellen, das er in einer anderen Buchhandlung nicht bekommen hat: »3770432452 – die haben mir die Nummer gegeben, aber da geht keiner ran …«

»Alles klar«, sage ich und bestelle das Buch. Jetzt fehlt mir nur noch seine Handynummer oder E-Mail-Adresse.

Deshalb frage ich ihn: »Wie sollen wir Sie benachrichtigen?«

»Ach«, sagt er, »einfach Buch ist da oder so.«

Den Rest des Tages verbringe ich entspannt an der Info. Ohne mich zu bewegen. Ich bin gut gelaunt und sage zu jedem Kunden, dass das Buch nicht da wäre, wir es aber locker auf den 27. Dezember bestellen könnten.

Unbezahlbar, die Gesichter.

 **Streithühner**

Ist doch klar, dass sich Frauen mit Männern immer streiten. Schon alleine, weil sie sich unter ihresgleichen komplett anders streiten. Männer und Frauen haben eine komplett unterschiedliche Streitkultur und machen sich während des Streitens gegenseitig komplett kirre.

Männer wollen nicht streiten und können es daher auch nicht besonders gut. Frauen können es nicht leiden, wenn sich der Mann nicht streiten will, und werden dann fuchsteufelswild.

Deshalb sollten sich Frauen nur mit Frauen streiten und Männer nur mit Männern. Dann kann man auch mal einen Streit beilegen.

Zum Beispiel so:

Es klingelt. Michael öffnet die Tür und fällt rückwärts in seine Wohnung. Weil Toni vor ihm steht und ihm auf die Fresse gehauen hat.

»Ej, spinnst du? Was soll denn der Scheiß?«

»Was fragst du? Du hast meine Freundin gevögelt!«

»Ja, und? Ich war total betrunken. Außerdem hast du schon drei Mal mit einer meiner Freundinnen gevögelt.«

»Echt? Okay, Schuldigung, dann hab ich überreagiert.«

»Schon gut. Bierchen?«

»Oh ja, geil, jetzt'n Bier.«

So verhält es sich bei Männern. Bei einer Streitbeilegung unter Frauen war ich noch nie dabei. Deshalb kann ich auch nur vermuten, wie so etwas abläuft. Ich werde auch versuchen, nur Namen zu verwenden, die nicht in meinem Freundeskreis vorkommen. Wir streiten uns auch nie, wir sind ja erwachsene Leute. Nun die Vermutung:

Vor meinem geistigen Auge sehe ich Ulla und Brigitte. Sie haben seit fünfzehn Jahren nicht mehr miteinander gesprochen. Da sie jedoch ehemals beste Freundinnen waren und Brigittes acht beste Freundinnen danach Ulla bei weitem nicht das Wasser reichen konnten, haben sie sich für heute im »Café Amitié« verabredet.

Natürlich umarmen und küssen sie sich zur Begrüßung, beide weinen.

Brigitte kann als Erste wieder sprechen und fragt, warum Ulla eigentlich damals den Kontakt abgebrochen hat.

»Die Emma hat mir gesagt, du hättest zu Marie gesagt, ich wäre so zickig, seit ich mit Knut schwanger bin.«

»Äh, das weiß ich nicht mehr genau. Soll ich mich heute entschuldigen, oder was? Jetzt, wo Knut bald Abi macht?«

»Ja, find ich schon. Vielleicht auch bei Knut, er ist manchmal so depressiv. Föten kriegen ja so viel mit im Mutterleib. Für ihn war das sicher auch nicht leicht.«

»Ach Gott, der Arme. Das hab ich nicht gewollt. Aber warum hast du mich denn damals nicht angesprochen, sondern nur per Einschreiben die Freundschaft gekündigt?«

»Naja, ich hatte Emma versprochen, nichts zu sagen, weil Marie sonst bestimmt sauer auf sie gewesen wäre.«

»Ja, stimmt. Das tut mir alles so leid. Du warst bisher meine beste beste Freundin. Hoffentlich wird wieder alles wie früher. Gina ist jetzt meine beste Freundin. Sie ist zwar ganz nett, aber sie hat letzte Woche zu Käthe gesagt, ich würde mit meiner neuen Sonnenbrille ein bisschen nuttig aussehen. Hat Jutta mir erzählt. Dich kann sie übrigens auch nicht leiden.«

»Ich kenne Jutta überhaupt nicht.«

»Ich meine ja auch Gina.«

»So eine blöde Kuh!«

»Ja, aber ehrlich. Die ruf ich erst mal nicht mehr an.«

»Versteh ich. Aber du hast ja jetzt mich, mir kannst du echt vertrauen. Ich bin immer noch die Alte, nur ein bisschen älter. Hihihihi. Ach, wir haben so viel nachzuholen. Magst du immer noch so gerne Milchkaffee mit Haselnusssirup?«

»Was? Das weißt du noch? Ist das süß. Ich hab dich lieb.«

»Bedienung! Zwei Milchkaffee mit Haselnusssirup. Nein, obwohl, lassen Sie bei einem den Haselnusssirup weg, dafür bitte eine Milch zusätzlich. Ach ja, und den Zimtkeks mag ich auch nicht. Dafür nehm ich einmal Käsepanini, aber passen Sie bitte auf, dass die Tomatenscheibe obendrauf nicht der Anschnitt ist.«

»Na, das mit der Zickigkeit scheint sich ja gelegt zu haben. Ich habe noch nie eine so kurze Bestellung von dir gehört.«

»Dann können wir's auch gleich lassen, wenn du mich verarschen willst. Das hast du früher schon gemacht. Immer Witze auf meine Kosten.«

»Ach, Süße, sei doch nicht so dünnhäutig. Mensch, hab ich dich vermisst. Was macht eigentlich dein Mann, der Rüdiger?«

»Hm, ich weiß auch nicht. Wenn er kein Fußballspiel anschaut, spielt er Playstation oder geht mit Kumpels aus. Dafür macht er nichts im Haushalt. Früher haben die Männer auch nichts im Haushalt gemacht, dafür konnten sie wenigstens noch einen Nagel in die Wand schlagen.«

»Kennst du die Annegret? Ihr Mann will zwei Jahre Erziehungsurlaub machen. Er macht aber auch so den kompletten Haushalt, geht auf alle Ämter und renoviert nebenher den alten Bauernhof, den er ihr geschenkt hat.«

»Echt? So ein Weichei, ich würde verrückt werden mit so einem.«

»Da hast du recht! Klasse, dass wir uns wieder so verstehen, als wären wir nie getrennt gewesen.«

»Ja, du, Ciao-i, ich treff mich noch mit Sarah und Constanze zum Kaffee. Wir müssen über Doro reden. Die spinnt total, hat zurzeit zwei Freunde, aber das erzähl ich dir heute Abend. Ich muss los.«

Nachdem Brigitte alles bezahlt und das Café verlassen hat, zückt sie ihr Handy, um Petra anzurufen: »Hör mal, Petra, was ist denn mit der Ulla los? Ist die wieder schwanger?«

 # Billigheimer

Ich ertappe mich immer häufiger dabei, Preise zu vergleichen. Noch vor ein paar Jahren habe ich mich über meinen Schwiegervater lustig gemacht, der ein Fahrtenbuch führt, in das er fein säuberlich Benzinpreise und Verbrauch einträgt.

Mittlerweile freue ich mich selbst, wenn ich meinen Tank bis zum letzten Tropfen leer fahre, um dann tatsächlich eine Tankstelle zu finden, an der ich pro Liter zwei Cent weniger bezahle.

Und all das, obwohl ich im Fernsehen mal einen Bericht gesehen habe, aus dem hervorging, dass man, wenn man sein Leben lang ein Auge auf das günstigste Benzin hat, insgesamt ungefähr 18,87 Euro spart. Yippie!

Wie krank wird man eigentlich im Alter?! Wird man automatisch so?! Früher, und das hört sich jetzt etwas floskelesk an, habe ich immer für zwanzig Euro getankt, ich wusste nicht einmal ungefähr den Literpreis. Benzin war mir so egal, dass ich den Tank auch oft ganz leer fuhr und mich dann mit meinem Kanister auf den Weg machte. Keine Ahnung, wie oft mir aus vorbeifahrenden Autos »I'm walking …« zugerufen wurde.

Heute weiß ich, wie viel ein Glas Nutella kosten darf, und ich zahle für eine Kiste Bier maximal 12,99 Euro.

Bei meinem letzten Einkauf habe ich im Handelshof die

Kiste Jever für zehn Euro bekommen. Ich habe mich gefreut wie ein Kind, und dann habe ich gesehen, dass man dazu sogar noch einen Sixpack Jever geschenkt bekommt. Da bekam ich sofort feuchte Augen und habe die Omi neben mir in die Arme genommen und in der Luft herumgewirbelt.

Genauer betrachtet war diese Freude ungerechtfertigt. Ich habe vier Kisten gekauft und dadurch um die zwanzig Euro gespart. Am Abend haben wir dann bei mir gepokert und meine undankbaren Freunde haben mehr als die Hälfte meines Vorrats weggetrunken. Einen Tag später sind wir auf die Wiesn, und ich habe an die hundert Euro verjubelt. Da war nix mit Preise vergleichen. Die *Mass* für 9,40 Euro, mit Charakter zahlt man elf Euro, dazu das obligatorische Hendl, ein paar Zigarren und eine wilde Fahrt im Weißbier-Karussell, da geht schon was.

Und das Schönste ist, dass man jeden Cent total gut angelegt hat.

Einmal verlor ich kurz das Gleichgewicht, als ich auf der Bank stand. Das hatte jetzt nichts mit Alkohol zu tun, ich bin einfach nach hinten umgekippt und hab am Nachbartisch drei, vier Noagerl (bayr.: Masskrüge mit wenig Inhalt) abgeräumt. Noch bevor die Restetrinker etwas sagen konnten, hab ich ihnen charakterstarke elf Euro in die Hand gedrückt und weiter ging's.

Tags darauf lag ich daheim mit einem Riesenschädel und der obligatorischen Nach-Wiesn-Depression. Mir wurde noch schlechter, als ich überlegte, bei welchen Liedern ich mitgesungen hatte. Sogar Mickie Krause hatten sie einfliegen lassen, und ich fand's spitze. Dann überschlug ich, wie oft ich mit dem am Vortag verprassten Geld mit dem Kanister zur Tanke hätte laufen können.

Jusel, der gerade mit Mike da war, um mein restliches Jever vor meinen Augen wegzutrinken, versuchte mich zu trösten.

»Komm schon, Keidel«, sagte er, »ich hab noch 'nen Kanister im Auto, den schütt ich dir nachher rein.«

»Ach«, sagte ich mit ausdruckslosen Augen, »es ist ja nicht nur der gestrige Abend. Unser Wasserhahn in der Spüle ist heute früh kaputtgegangen. Ich wollte meine Aspirin runterspülen und dabei hab ich mich wohl ein bisschen zu sehr aufgestützt. Anna hat schon im Internet nachgeschaut, der billigste kostet bei IKEA 25 Euro. Ohne Montage. Dafür könnten wir unsere Kinder schon wieder eine Woche ernähren.«

»25 Euro, die spinnen wohl! Morgen ist Flohmarkt an der Hackerbrücke, da kriegst du die nachgeschmissen. Ich hol euch einen, und um zehn Uhr bin ich da und bau ihn ein, okay?«

»Okay«, sagte ich, »aber eigentlich kann ich das nicht annehmen. Sonst glaubt ihr noch, ich würde absichtlich so rumjammern, damit ihr mir immer helft.«

»Wir glauben es nicht, wir wissen es!«, schaltete sich Mike ein.

»Aber wir wissen auch um dein handwerkliches Geschick und wollen nicht, dass deine Kinder unnötigerweise als Halbwaisen aufwachsen. Außerdem hab ich 'ne neue Bohrmaschine. Ich bin auch um zehn da!«

Da freute ich mich noch.

Mike war am nächsten Morgen schon um 9:30 Uhr da und zeigte mir stolz seine Black & Decker. Ich tat so, als würde ich seine Freude teilen, flunkerte aber. Außerdem fragte ich mich, wofür man zum Einbau eines Wasserhahns wohl eine Bohrmaschine brauchen konnte. Es war wohl so, wie wenn früher einer von den Jungs seine neue Freundin mitbrachte: Er konnte sie an dem Abend nicht gebrauchen, wollte sie aber einfach mal vorzeigen.

Jusel trudelte gegen elf Uhr ein.

»Solche Verbrecher«, schimpfte er, »unter zwanzig Euro wollten die nicht gehen!«

So geizig bin ich jetzt auch nicht, dass ich da nicht loslachen konnte.

»Super, da haben wir ja richtig was gespart!«

»Naja, nicht ganz«, erwiderte Jusel, »da war noch keine Dichtung dabei. Aber ich hab noch ein Dichtungsreparatur-Set gekauft, da können wir eure alte Dichtung passend zuschneiden. Hat acht Euro gekostet.«

»Prima Deal«, sagte Mike. »Wenn man bedenkt, dass eine Dichtung zehn Cent kostet, hat man die Kohle nach achtzig Dichtungen locker wieder raus.«

Ein guter Einwand. Ich bin 43 Jahre alt, und das ist die erste Dichtung, die ich benötige. Also wäre ich nach nur 3440 Jahren schon im grünen Bereich. Cool!

Anna, Mike und ich lachten sehr, sogar die Kinder machten sich über Jusel lustig.

Es wurde nicht besser, als Jusel den Wasserhahn vorzeigte. Er war total zerkratzt. Uns war das egal, es sollte nur Wasser rauskommen, aber Jusel kochte. Seine kroatische Händlerehre war verletzt. Fluchend machte er sich an die Arbeit, Mike assistierte prustend.

Es tut mir weh, es so hart ausdrücken zu müssen, aber Jusel hatte sich Schund andrehen lassen. Auch er musste es zugeben, als das Gewinde knackte.

Ich weiß nicht genau, ob wir lauter lachten oder Jusel lauter schimpfte.

Jusel wollte sofort zurück zum Flohmarkt, doch Mike hielt ihn zurück. Er hatte eine Möglichkeit gefunden, seine Bohrmaschine noch zum Einsatz zu bringen.

»Die Unterschränke in der Küche sind nicht an der Wand festgeschraubt«, stellte er freudestrahlend fest.

»Echt? Ist ja krass!«, sagte ich. Ich hatte zwar keine Ahnung, was das bedeutete, wollte aber auch mal einen fachmännischen Kommentar abgeben.

Anna hat Ahnung, sie ist Architektin.

»Kein normaler Mensch schraubt seine Unterschränke fest«, sagte sie deshalb.

»Das ist unverantwortlich«, antwortete Mike und bohrte los.

Da wir die aufkeimende gute Stimmung nicht kaputt machen wollten, fuhren Anna und ich zum Metzger und holten Leberkässemmeln.

Als wir zurückkamen und das Gartentor öffneten, hallte uns Mikes Stimme entgegen: »Wasser! Wasser!«

»Im Kühlschrank!«, rief Anna zurück, aber ich als sensibler Mensch wusste gleich, dass er kein Wasser trinken wollte. Solange noch Bier da war, würde Mike keine Wasserflasche anfassen.

Mein Verdacht bestätigte sich, als wir das Plätschern aus dem Wohnzimmer vernahmen.

Noch während Tom und Luzie ihre Gummistiefel anzogen, rannte Anna in den Keller und drehte das Wasser ab.

Mike hatte anscheinend nicht damit gerechnet, dass in unserer Küche Wasserrohre verliefen, seine gute Black & Decker hatte allerdings relativ schnell eines gefunden.

Wenigstens reparierte der herbeigerufene Installateur auch gleich noch den Wasserhahn.

Der ganze Spaß kostete in etwa so viel wie vier Tankfüllungen oder dreihundert Nutella-Gläser im Angebot oder achtzehn IKEA-Wasserhähne, aber er war jeden Cent wert.

Zumal wir Jusel am Nachmittag zum Flohmarkt begleiteten und der nette türkische Wasserhahn-Händler das Teil nicht zurücknehmen wollte. Jusel war außer sich.

Schwer zu sagen, was er erwartet hatte. Wahrscheinlich etwas wie: »Oh, Entschuldigung! Hier haben Sie Ihr Geld zurück, und suchen Sie sich bitte noch ein Produkt Ihrer Wahl aus.«

Doch der Händler sagte sinngemäß eher: »Hau ab, du Depp!«

Wir positionierten uns in sicherer Entfernung und beobachteten das Spektakel.

Nachdem auch Jusel einsehen musste, dass das Geld weg war, knallte er den Wasserhahn auf den Tapeziertisch und beschimpfte den Türken auf Kroatisch.

Trotzdem gab es natürlich kein Geld zurück. Also änderte Jusel seine Taktik.

Er stellte sich vor den Stand und warnte jeden, der sich für die Waren interessierte. »Kaufen Sie hier nichts, das ist ein Betrüger! Schauen Sie sich diesen Wasserhahn an. Das Gewinde ist kaputt, und zerkratzt ist er auch noch. Gehen Sie lieber zu IKEA, da kriegen Sie gute Qualität für kleines Geld.«

Wir gingen erst nach Hause, als es zu regnen begann.

Jusel blieb noch. Von ein paar Tropfen ließ er sich wahrlich nicht unterkriegen.

Dr. Roberto

Mit 35 kippt das Leben eines Mannes plötzlich. Fußballer beenden ihre Karrieren, man wird von Frauen unter dreißig nicht mehr wahrgenommen, und den Gesundheitscheck gibt's beim Arzt kostenlos.

Ich war aber nicht 35, ich war 37. Und ich hatte mich angemeldet für die große Untersuchung. Aber der Reihe nach.

Angefangen hat alles mit einem Spezi. Ich trank es abends im Büro und dachte mir nichts dabei. Warum auch? Okay, das Spezi war kalt, aber ein kerngesunder junger Mann wird ja wohl ohne Probleme ein kaltes Spezi trinken können. Aber anscheinend war ich nicht kerngesund, denn ich bekam Schmerzen im Bereich der Speiseröhre und kaum noch Luft. Irgendwie zog der Schmerz rüber zum Herzen und wurde stechend.

Kurze Zeit später trank ich mit meinen Arbeitskollegen ein Bier. Ich wollte sie natürlich nicht beunruhigen und jammerte deshalb nur alle vier Minuten.

»Was?«, schrie Micha. »Du bist schon 37 und hast dich noch nicht durchchecken lassen? Bist du verrückt?«

Alle redeten auf mich ein, ich sei in einem gefährlichen Alter und mit so etwas sei nicht zu spaßen und ähnlichen Quatsch, sodass ich beschloss, keinesfalls zum Arzt zu gehen.

Ich ging dann relativ früh nach Hause, während sich der

stechende Schmerz auf den gesamten Brustkorb ausweitete. Glücklicherweise war ich sehr müde und konnte gut schlafen.

Als ich aufwachte, war der Schmerz weg. Der im Brustkorb. Stattdessen zersprang mir der Schädel. Ich schleppte mich zur Arbeit, wo ich mich erst einmal übergeben musste. Die Kollegen schickten mich postwendend ins Krankenhaus.

Na gut, ihr Angsthasen. Ich sah mich schon mit einem goldenen Bilderrahmen zurückkehren. Darin eine Urkunde über das beste je gemachte EKG weltweit.

Im Krankenhaus sagte man mir dann auch, sie hätten echte Notfälle hier und für mich überhaupt keine Zeit.

Sie drückten mir die Visitenkarte eines Internisten in die Hand. Roberto K. Selimi, cooler Name. Der sei gleich auf der Straßenseite gegenüber und ein ganz Großer seiner Zunft.

Nichtsahnend betrat ich seine Praxis. Er begrüßte mich, schaute mir in die Augen und sprach: »Vom ersten Eindruck her sind Sie sehr, sehr krank.«

Dann lachte er und ergänzte: »Aber das sollte Sie nicht zu sehr beunruhigen. In meinem ersten Jahr als Arzt im Krankenhaus sagte ich zur Nachtschwester, sie solle auf zwei bestimmte Patienten ganz besonders aufpassen. Sie machten auf mich einen ganz schlechten Eindruck. Und was passierte? Ein anderer Patient ist in dieser Nacht gestorben.«

Ich lächelte etwas gezwungen und erzählte meine Geschichte.

»Machen Sie mal den Oberkörper frei«, waren seine nächsten Worte.

Er hatte einen leichten Bauchansatz, ich dagegen etwas

abgenommen. Ich freute mich schon auf seine neidischen Blicke.

»Oh Gott«, entfuhr es ihm, »Ihr Oberkörper ist total schief, deshalb haben Sie auch auf der rechten Seite Muskelschwund. Sie müssen mehr trainieren.«

Jetzt wurde es mir langsam zu bunt, aber mein persischer Freund war noch weit von seiner Bestform entfernt.

Zunächst seine Diagnose: »Sie haben gestern Ihr Spezi zu ruckartig getrunken und sich daher einige Rückenwirbel ausgerenkt.«

Das saß. Ich hatte mittlerweile eingesehen, dass ich in diesem Leben wohl nicht mehr in der Bundesliga spielen würde. Aber wenn mich jetzt schon Cola-Mix-Getränke in den Rollstuhl bringen konnten, lief irgendetwas falsch.

Noch bevor ich laut loslachen konnte, hatte er mich mit den Worten »Das haben wir gleich!« in den Schwitzkasten genommen.

Es knackte dreimal übelst, dann legte er mich zum Massieren auf die Pritsche.

»Ach du liebe Zeit, sind Sie verspannt. Massiert Sie Ihre Frau nicht?«

»Nein«, sagte ich, »ich muss immer sie massieren, sie macht das nie.«

»Warum das denn?«, empörte er sich. »Meine Frau wäscht mir sogar die Füße. Obwohl sie Münchnerin ist.«

Wieder konnte ich nicht ausmachen, ob er es ernst meinte oder nicht.

Nach der Massage jedenfalls tat mir der Rücken so weh, dass ich die Kopfschmerzen nicht mehr spürte, und nach dem 1-a-EKG (das war ja zu erwarten) war die Behandlung zu Ende.

»Ich schreibe Ihnen noch meine Handynummer auf«, schloss Roberto.

»Das EKG war zwar in Ordnung, aber wenn die Herzschmerzen wiederkommen und Sie bis Montag warten, weil Sie ja jetzt schon beim Arzt waren, kann es zu spät sein. Gegen die Kopfschmerzen bekommen Sie noch ein Schmerzmittel. Allerdings ein leichtes, sonst spüren Sie vielleicht den Herzinfarkt nicht. Aber jetzt genug, ich will Ihnen schließlich keine Angst machen. Ach ja, und lassen Sie sich einen Termin geben für die Ü-35-Untersuchung.«

Das tat ich. Vielleicht würde dieser Arzt mein Leben nicht retten können, aber ich würde sehr gut gelaunt sterben nach dieser halben Stunde Real-Kabarett.

Anna meinte später, der Arzt hätte mich als Hypochonder entlarvt und sich nur über mich lustig gemacht. Ich dagegen war sicher, sehr, sehr krank zu sein.

Schließlich wollte ich Dr. Roberto so bald wie möglich wiedersehen.

Li-La-Launebär

Ich merke schon im Schlaf, dass ich schlecht gelaunt bin. Deshalb sammelt sich meine gesamte negative Energie in meiner linken Hand, die bereits nach den ersten Tönen von »Oh Happy Day« den Radiowecker zertrümmert.

»Hey«, sagt Anna.

Ich antworte: »Hör bloß auf, mich zu provozieren!«

Ich weiß nicht, ob die Kinder wegen der Radiowecker-Hinrichtung oder von meinem Geplärre wach geworden sind. Jedenfalls stehen sie jetzt vor mir und finden es lustig, mich zu kitzeln. Sie sind echt süß, aber nicht heute.

Ich behaupte, dass im Badezimmer Schokolade für sie wäre und schließe sie dann dort ein. Luzies Windeln wechseln, beide umziehen, Müsli und Pausenbrote machen, Zähne putzen und ihnen dann noch Handschuhe, Matschhose, Jacke, Schal und Mütze anziehen. Womöglich noch Schnee räumen und die Autoscheiben freikratzen. Wirklich nicht.

Ich zieh mich an, gurgle einen Kaffee rein und stürze hinaus. Hoffentlich findet Anna die Kinder.

»Einen wunderschönen guten Morgen!«, wünscht mir mein gut gelaunter Nachbar.

Ich antworte: »Mmmmm!!!«

Als würde es mich nicht schon so genug ankotzen, mit

dem Bus fahren zu müssen, zieht der Busfahrer auch noch eine unglaubliche Fresse.

»Können Sie vielleicht ein wenig freundlicher schauen, Sie Saftsack?«, frage ich ihn und knalle ihm eine. Dann steige ich wieder aus und gehe zu Fuß. Ich lass mir von dem doch nicht den Tag vermiesen.

Die frische Luft ist angenehm, aber eine Viertelstunde später steige ich in die S-Bahn. Und schon sind die Luft und meine Laune wieder scheiße.

Ich packe einen neunjährigen Jungen am Kragen und setze mich auf seinen Platz.

Wir sind früher immer aufgestanden.

Ich will mich gerade entspannen, da holt so ein Laptop-Heini neben mir eine Banane raus. Es ist eine Frage des Anstands, in Gesellschaft nichts zu essen, was Geräusche macht oder nach Banane stinkt.

Er legt sie auch gleich zur Seite, weil seine Nase so stark blutet. Die anderen Leute im Abteil zeigen Zivilcourage und reichen dem Mann Papiertaschentücher. Ich wechsle das Abteil, weil einige Menschen schlecht über mich reden.

Apropos reden: Im neuen Abteil spricht eine Pubertäts-göre in ihr Handy: »Eeeeecht? Das hat sie gesagt? So eine Bitch ... ej, ends die blöde Schlampe!«

Sie wird leise, als sie mein Gesicht sieht. Ich denke an das Bolzenschussgerät aus *American Psycho*, nehme ihr aber lediglich das Telefon ab und schmeiße es an der Ha-ckerbrücke raus. Jetzt weint sie, die dumme Kuh.

Am Hauptbahnhof funktioniert die Rolltreppe nicht. Ich reagiere etwas über und schubse einen runter, der wie ein Kontrolleur aussieht. Es soll ja keinen Unschuldigen tref-fen.

In der U-Bahn werde ich trotzdem kontrolliert. Ich habe zwar keine Fahrkarte, dafür aber die nette Omi neben mir. Ich nehme sie ihr aus der Hand und sage laut: »Doch, doch! Auch Rentner müssen bezahlen! Was glauben Sie denn?!«

Noch während sie nach Luft schnappt, zeige ich meine neue Fahrkarte vor und steige aus. Kurz darauf bin ich im Hugendubel. Ich will nicht arbeiten, irgendwie habe ich schlechte Laune. Deshalb versuche ich, die Kunden möglichst schlecht zu beraten.

»Leichter U-Bahn-Schmöker? Hier, der neue Lobo Antunes, den kann man einfach nicht weglegen.«

In Wahrheit habe ich einmal versucht, einen Lobo Antunes zu lesen, und habe ihn nach zwei Minuten weggelegt. Unlesbar.

»Ach, was Nettes für Ihre zwölfjährige Enkelin? Was machen Sie denn dann in unserer Abteilung? Sieht das hier nach Kinderbuch aus, oder was? Oder ist das wieder eine von diesen Superintelligenten, die schon so weit für ihr Alter sind? Aber am Ende wollen sie doch wieder was mit Pferden und Internat oder ähnlichen Dreck.«

Die Kollegen ziehen mich weg, sie sind etwas unzufrieden mit mir.

»Ich rede euch doch auch nicht rein!«, protestiere ich. »Mir ist schlecht, ich geh zum Arzt.«

Was mir denn fehle, will dieser wissen.

»Und was fehlt Ihnen zum Arzt?«, frage ich zurück. »Sie müssen doch sehen, dass ich krank bin!«

Nachdem ich ihn gefesselt und ihm gedroht habe, ihm eine Flüssigkeit meiner Wahl zu injizieren, ist er bereit, mich drei Wochen krank zu schreiben. Gleich fühle ich mich besser.

Auf dem Heimweg beschimpfe ich nur ausgewählte Passanten und werde nicht tätlich.

»Was hattest du denn heute Morgen? Warum warst du so ätzend?«, fragt zu Hause meine Frau.

Ich sage zuerst einmal »hallo«, so viel Zeit und Anstand müssen sein.

Dann zeige ich ihr das graue Haar, das ich am Vorabend neben meinem rechten Ohr entdeckt habe.

 **Direk**

Als Vater hat man einfach Angst. Davor, dass sein Kind einmal Amokläufer oder Terrorist wird. Mir wird immer ganz anders, wenn Tom bei »Angry Birds« mit seiner Steinschleuder die süßen Piepmätze umnietet. Oder wenn er mich umnietet mit dem Star-Wars-Laserschwert. Dabei könnte ich eigentlich sehr entspannt sein, denn ich kenne Dirk.

Wir waren noch in der Grundschule, da brachte ihn Holger zum Spielen mit.

»Servus, ich bin der Direk!«, sagte Dirk, wobei er seinen Namen lässig in englischer Betonung aussprach: Dairek.

Mann, war das ein Name. Ich war immerhin schon in der dritten Klasse, und mein coolster Spitzname war bis dahin Flocki gewesen. Meine Schwester nannte mich so. Ich hieß Flocki, Dirk hieß Direk. Direk! Ein mieser, kleiner Erstklässler hieß Direk! In diesem Moment merkte ich zum ersten Mal, dass Dirk in einer anderen Liga spielte.

Und gleich danach merkte ich es noch einmal, als er nämlich seinen Fiberglasbogen auspackte.

Holger, der übrigens mit Spitznamen Hulge hieß, und ich waren am Tag zuvor noch stolz gewesen auf unsere Bogen, die wir aus Haselnusszweigen gezaubert hatten. Jetzt kamen wir uns etwas dilettantisch vor, kannten aber das Wort noch nicht.

»Kommt ihr euch nicht dilettantisch vor?«, fragte Dirk und legte an.

Während wir uns bemühten, unsere Pfeile in die Nähe der acht Meter entfernten Zielscheibe zu schubsen, konnte Direk mit seinem Präzisionsbogen einer Blindschleiche aus fünfzig Metern Entfernung ein Auge ausschießen. Was er auch tat.

Das nächste Mal sah ich ihn beim Sportunterricht. Unsere Klassen teilten sich den Sportplatz. Für Dirks Klasse gab es Noten im Ballweitwurf.

Dreizehn Meter, siebzehn, neunzehn, die üblichen Erstklassweiten. Dann erzielte Anke Fuchs sensationelle minus zwei Meter durch einen klassischen Mädchen-von-unten-nach-oben-Wurf.

Direk drehte sich um, bückte sich und nahm den von Anke lächerlich gemachten Achtzig-Gramm-Ball in die Hand. Er würde gerne über die Längsseite des Platzes werfen, quer würde wohl zu knapp werden, sagte er. Der Lehrer lächelte müde, als hätte Dirk einen schlechten Witz gerissen. Aber sein Lächeln gefror, als der Ball in der Luft war. Lange in der Luft war. Zwanzig Meter, dreißig, vierzig, fünfzig, der Ball landete irgendwo hinter dem Vereinsheim. Der Lehrer trug eine Eins mit diversen Sternchen ein und füllte das Bestellformular für einen Zweihundert-Gramm-Ball aus. Es sollte der erste und letzte Zweihundert-Gramm-Ball an der Rimparer Grundschule sein. Außerdem durfte Dirk fortan immer längs werfen.

Am Ball konnte Direk alles. Nicht wie ich nur aufpumpen, einfetten und so. Nein, Direk war ein Ballgott.

Vom Handballtraining wurde er mit acht Jahren suspendiert, weil sich kein Torwart mehr fand, der sich gegen Dirk ins Tor gestellt hätte.

Wenn er einen Football warf, zischte das Ei wie ein Speer durch die Luft.

Als er in Würzburg ein Probetraining beim Baseballverein absolviert hatte, hielt ihn der amerikanische Trainer mehr als eine Stunde am Ärmel fest. Er habe so etwas noch nie gesehen, er mache ihn in Amerika zum Star, er habe sich ein bisschen in ihn verliebt und so weiter.

Manchmal spielte ich mit Direk Tennis, während er mit mir Katz und Maus und Hase und Igel spielte. Er konnte alle Schläge, obwohl er nie eine einzige Trainerstunde hatte. Seine Schläge hatten so viel Schnitt, dass ihm bei jedem Match zwei bis drei Saiten rissen. Mir ist erst ein Mal im Leben eine Saite gerissen. Da hatte ich Dirk meinen Schläger geliehen.

Einzig auf dem Fußballplatz war Dirk nicht so der Checker. Er spielte auch nicht im Verein. Einmal fehlte uns aber ein Spieler, und unser Trainer rief Dirk an. Er sortiere zwar gerade seine Messersammlung, aber er käme vorbei, sagte der. Er spielte etwas lustlos, um dann aus dem Nichts einen abprallenden Ball volley aus dreißig Metern Entfernung unter die Latte zu nageln. Es war Dirks letztes Spiel. Wahrscheinlich wollte er nur kurz signalisieren, dass er auch in einer seiner schlechteren Sportarten noch locker Zweite Liga spielen könnte. Minimum. Er hatte lediglich keine Lust.

Zwar machte er mir all meine Träume zunichte, aber zumindest brachte er mir Demut bei. Auch in materieller Hinsicht. Er hatte immer die besten Sachen. Die besten Turnschuhe, lässige T-Shirts und 1-A-Bälle. Die hatte er allerdings nie lange. Schnell lagen sie in fremden Gärten, schwammen im Fluss davon oder kreisten in der Umlaufbahn.

Den Vogel schoss Direk allerdings immer zur Faschingszeit ab. Holger und ich standen täglich mit großen Augen und geifernden Mündern vor dem Spielwarenladen Philipp. Holger bekam dann meist eine Schreckschusspistole, ich nur eine mit Zündblättchen. Zündblättchen, es gibt nichts Öderes im Leben.

Naja, wenigstens konnte ich die richtig guten Pistolen, Revolver und Gewehre aus dem Geschäft einmal in der Hand halten, denn Direk hatte sie alle. Wenn wir uns trafen, kam er mit einer Sporttasche, aus der Gewehrläufe ragten. Wäre er nicht erst sieben Jahre alt gewesen und hätte es Schäuble damals schon gegeben, wäre er auf dem Weg zu uns schon vier Mal erschossen worden. Allein um alle Waffen einmal durchzuprobieren, brauchten wir mehrere Tage. Und selbstverständlich waren alle »durchgebohrt«. »Durchgebohrt« wurde zu meinem Synonym für Neid. Direk bohrte alle Läufe durch, und dann pustete er mittelgroße Pfützen leer und unsere Gehörgänge ordentlich durch. Dirk war berühmt. Alle Kinder aus Rimpar zwischen sechs und vierzehn kannten ihn. Wenn wir mit unserem Helden durch die Straßen liefen, konnten wir sie tuscheln hören: »Bschbschbsch, durchgebohrt, bschbschbsch, durchgebohrt.«

Niemand zuckte mehr zusammen, wenn ich wieder eins meiner Zündplättchen abfeuerte. Ach was, nicht einer beachtete mich.

Ich hatte ja auch keine Pistole, die man zu zweit festhalten musste. Und die »durchgebohrt« war. Einmal klemmte mein Abzug, und ich musste die Zündblättchen mit einem Stein zum Knallen bringen. Wie erniedrigend.

Und was ist aus Dirk geworden? Terrorist? Söldner? Waffenhändler? Amokläufer?

Nix dergleichen. Also habt keine Angst, liebe Eltern, wenn euer Kind auf Ballerspiele steht. Nur ein einziges Mal in Dirks Waffen-Karriere ist Blut geflossen, als sich die Klinge seines Butterflymessers, nachdem er es in die Luft geworfen hatte und wieder auffangen wollte, durch seine Handfläche bohrte.

»Durchgebohrt«, sagte ich damals.

Mittlerweile ist Dirk Pazifist und Physiotherapeut. Er arbeitet in einem Sporthotel und schießt gelegentlich nach Schichtende den einen oder anderen Daviscup-Spieler aus der Tennishalle.

 # Like

Ich verstehe echt nicht, warum alle auf Facebook herumhacken. Facebook gefällt mir. Ich würde sogar so weit gehen zu sagen, dass Facebook mein Freund ist. Facebook will nur mein Bestes.

Facebook macht vor allem Leuten Angst, die gar nicht dabei sind. Aber diese Leute haben immer Angst. Auch vor Online-Banking. Ich mache Online-Banking.

Ich finde es einfach besser, ein paar Klicks zu tätigen, als bei minus 26 Grad Anorak und Handschuhe anzuziehen, zur Bank zu fahren und da einen Überweisungsträger auszufüllen. Oder die ganzen Daten in den Automaten einzugeben und mir das Gestöhne der Wartenden anzuhören.

Naja, so viele warten da gar nicht, weil die Online-Banking-Gegner auch Angst davor haben, ihre Daten einer fremden Maschine preiszugeben. Diese Leute gehen dann lieber an den Schalter, wo ihnen der Bankangestellte schnell noch eine Reiserücktrittsversicherung andreht.

Und die meisten unterschreiben, weil sie auch Angst davor haben, dass sie mal einen Urlaub buchen könnten und dann kurz vorher aus Angst krank werden.

Viele von denen würden aber nie in Urlaub fahren. Aus Angst!

Sie haben zu große Angst davor, im Urlaub beim Geldwechseln übers Ohr gehauen zu werden. Oder schon kurz nach der Landung vom Taxifahrer in ein Waldstück gefahren und enthauptet zu werden.

Wenn sie den Flug überhaupt überleben und nicht vorher von Terroristen aus dem Flugzeug geschmissen werden.

Ich habe diese Ängste nicht, ich mache Online-Banking. Das geht prima zwischen Facebook und Bier holen.

Ein bisschen Angst habe ich nur davor, dass ein Online-Gangster eines Tages meine drei Konten anschaut und mir aus Mitleid Geld überweist. Verwendungszweck: Geh mit deiner Familie doch mal schön ins Kino, du arme Sau!

Ich würde mich schämen und schnell zurück auf Facebook gehen. Nach Hause!

Erst gestern hat Anna H. gepostet, es mache ihr Angst, dass sie auf Youtube einen Song angehört hat und ihr zehn Minuten später auf Facebook die CD zum Kauf angeboten wurde.

Ich finde das vollkommen okay. Hey, diese Leute geben sich richtig Mühe, dich kennenzulernen. Wenn du die CD haben willst, kannst du sie direkt kaufen, wenn nicht, hast du wenigstens das Gefühl, dass jemand an dich gedacht hat.

Auch mir werden pausenlos HSV-Trikots und Turnschuhe angeboten.

Besser geht's doch nicht. Oder sehe ich aus, als würde ich lieber ein St.-Pauli-Trikot und Birkenstock tragen?

Gut, ich habe mittlerweile 27 Trikots im Schrank hängen, aber mir gefällt jedes Einzelne. Und alle steigen im Wert, also kümmert sich Herr Zuckerberg quasi auch um meine Rente. Ich fühle mich so aufgehoben.

Ich kann diese Kritiker beim besten Willen nicht verstehen. Ein E-Mail-Konto haben sie nämlich alle. Und ich sag euch was: Da wird man richtig verarscht!

Täglich wollen wildfremde Menschen ihre geerbten Millionen mit mir teilen.

Die kennen mich nicht. Wäre mir Geld wichtig, wäre ich wohl kaum Lesebühnenautor und Buchhändler geworden. Würden sie sich nur ein wenig mit ihren Kunden auseinandersetzen, wüssten sie das.

Und sie wüssten auch, wie absurd es ist, mir eine Penisverlängerung vorzuschlagen. Hallo? Was soll das denn? Wie kann man nur so danebenliegen? Da hätten sie besser zuvor meine Frau angerufen. Die hätte dann sehr lange gelacht und anschließend hätten sie sich entschuldigen können.

Mal ehrlich, wollen die auch dem Papst Kondome verkaufen oder Michael Schumacher eine Kinnverlängerung?

Als ich wieder bei Facebook reinschaue, wird mir zum Nichtabstieg gratuliert.

Das hat Klasse! Während ich überlege, welches Trikot ich noch nicht habe, fällt mein Blick auf die Werbung eines Fitnessstudios. Hm, sie haben wohl herausgefunden, dass ich momentan einen Tick zu viel wiege. Sehr charmant finde ich diese Werbung nicht, aber ich verzeihe ihnen. Schließlich wissen sie nicht, welches meiner Körperteile wie viel wiegt.

Außerdem würde mir keiner meiner Freunde aus meinem richtigen Leben dezent einen Flyer einer Muckibude in die Hand drücken.

»Boah«, sagen die eher, »hast du früher nicht mal unter hundert Kilo gewogen?«

Also schaue ich am nächsten Tag mal im Fitnessstudio »Le studio« vorbei, und ich muss sagen: Sehr gute Körper und sehr knappe Kleidung, anscheinend bringt Sport wirklich was.

Die Leute sind fröhlich und unterhalten sich, aber sie wirken dennoch etwas verängstigt. Ich merke sofort, dass hier keiner Online-Banking macht.

Als einer der Trainer mein HSV-Trikot sieht, schickt er mich weg.

»Die Facebook-Gruppe trifft sich im Raum nebenan, Herr Keidel«, sagt er.

Dort gibt es keine Hanteln und gestählte Menschen, sondern nur Fahrräder und dicke Menschen mit Brille. Ich setze mich auf ein Fahrrad, vor mir ein Bildschirm. Facebook ist schon eingestellt, man kann aber auch Überweisungen tätigen oder 148 Mails checken.

Irgendwann stupst mich das Mädchen neben mir an. Ich stupse zurück und sie sagt: »Like.«

Ich weiß, wenn ich jetzt »like« sage, sind wir zusammen.

Das ist mir irgendwie zu einfach. Es ist nicht wirklich romantisch, wenn man nach zwei Wörtern miteinander ins Bett geht. Ja, das gab's früher auch schon, aber »Ficken?« und »Ja!« war irgendwie cooler. Es waren auch zwei verschiedene Wörter.

Nun habe ich auch Angst. Jetzt nicht direkt vor Facebook und Online-Banking.

Vielmehr habe ich Angst, dass ich auch mal dick sein werde und eine Brille tragen muss wie die ganzen anderen Internet-Spackos hier.

Opferlamm

Anna ist mehr so der Typ, der relativ schnell innige Beziehungen zu anderen Menschen aufbaut.

Das ist einerseits gut für mich, denn welche Frau hätte sonst eine Bratwurst wie mich geheiratet. Andererseits war unsere Hochzeit recht teuer, weil Anna auch Leute eingeladen hat, die sie erst Tage zuvor an der Wursttheke im Supermarkt kennengelernt hatte. Oder die ihr in der Grundschule mal Buntstifte geliehen hatten.

Aber Anna schließt nicht nur Lebewesen leicht ins Herz, auch Dinge sind vor ihrer bedingungslosen Liebe nicht sicher. Nicht selten weint sie, wenn die Zahnpasta-Tube zur Neige geht oder die Batterien der Küchenuhr leer sind.

»Es sind nur Batterien«, sage ich dann, »lass sie uns im Garten begraben. Neben den gebrauchten Taschentüchern.«

»Ach, die Taschentücher«, erwidert Anna traurig, »sie waren immer für mich da, als ich krank war.«

Apropos »krank«: Unser Auto ist sehr krank. So krank, dass wir ein neues brauchen. Unser Passat muss verkauft werden.

Ja genau. Der Passat, den Anna so gerne während der Fahrt unter dem Autoradio krault. Es wird ihr das Herz brechen, aber der Wagen ist nun mal achtzehn Jahre alt. Und schaut aus wie 28.

Er verliert so viel Öl, dass man quasi an jeder Tankstelle nachfüllen muss. Ein Scheinwerfer ist kaputt, man kann nur noch einen Radiosender einstellen, und ich muss immer meine kompletten neunzig Kilo einsetzen, um die Fahrertür zu öffnen. Selbst Anna kann aufgrund des Rostes die ursprüngliche Farbe des Autos nur noch erahnen, findet ihn aber total süß, wenn er sie mit seinen Abblendlichtern und den Grübchen in den Kotflügeln anschaut.

Am schlimmsten finde ich die Stoßdämpfer. Sie sind schon seit drei Monaten kaputt, aber Anna glaubt fest an eine Genesung.

An jeder Ampel wird mir speiübel, weil das Auto nach dem Bremsen unendlich lange auf- und abwippt und dabei quietscht wie ein altes Bett.

Anna lacht dann immer, mir ist es peinlich. Es ist mir unangenehm, dass die Leute glauben, in unserem Auto werden während der Fahrt Hardcore-Pornos gedreht.

Ein weiteres Argument für den Verkauf des Passats ist die Tatsache, dass ich gestern das Bremspedal während der Fahrt bis zum Bodenblech durchtreten konnte, ohne dass sich auch nur irgendetwas getan hätte.

Ich habe Blut und Wasser geschwitzt, während ich mit der Handbremse von Schwabing nach Puchheim fuhr.

Vollgepumpt mit Adrenalin habe ich die Karre sofort ins Internet und Anna vor vollendete Tatsachen gestellt.

Klar hat sie geweint, aber vielleicht kann sie ihn bei seinen neuen Eltern ja mal besuchen.

Heute Morgen klingelte um halb sechs das Telefon, und Dimitri wollte sofort vorbeikommen.

Eine Viertelstunde später war er da. Zusammen mit seinem Kumpel Ivan. Da standen zwei derartige Kleiderschränke vor der Haustüre, dass die Klitschko-Brüder daneben ausgesehen hätten wie Plastikschlümpfe.

Sogar Anna sah davon ab, sie zu umarmen und ihnen Kaffee und Milchschnitten anzubieten.

Am Auto bemängelten sie völlig unnötigerweise den Rost und die Stoßdämpfer und alles andere, denn ich wäre nie auf die Idee gekommen, mit diesen Killermaschinen zu verhandeln. Lieber hätte ich ihnen Haus und Hof noch dazugegeben. Wenn sie uns nur am Leben ließen.

Ich hatte Verhandlungsbasis fünfhundert Euro in das Inserat geschrieben, Dimitri sagte jedoch: »Ich gäbbe 150!«

»Logisch!«, sagte ich, »danke!«

Auch Anna nickte eifrig.

»Das ist aber nett«, wollte ich das Gespräch noch etwas in Gang halten, »was wollen Sie denn machen mit dem Auto?«

Er blickte mich an, als hätte ich ihm gerade ins Bein geschossen, und sagte: »Wir wollen es SCHLACHTEN!!!«

Okay, es war mir schon klar, dass er die Schüssel nicht für 10 000 Euro komplett restaurieren und danach jeden Tag waschen und wachsen würde, aber drei Buchstaben mehr hätte er zumindest sagen müssen.

»Ausschlachten« wäre in Ordnung gewesen, aber »Schlachten« ging gar nicht.

»Njet!«, schrie ich. »Unser Auto wird nicht geschlachtet. Ist dir eigentlich klar, dass dieses Auto Teil unserer Familie ist? So ein Auto ist doch kein Tier, dem man einfach die Kehle durchschneiden kann. Mit dem Auto sind Erinnerungen verbunden. Da haben wir alle vier schon reingekotzt, weil es so geschaukelt hat. Das schweißt zusammen. Genau. Ich schweiß alles wieder zusammen, das Auto bleibt hier. Haut ab!«

Plötzlich legte mir Anna eine Hand auf die Schulter: »Brrrr, Brauner!«, sagte sie. »Die sind schon weggefahren. Glaubst du nicht, du hast etwas überreagiert? Es ist doch schließlich nur ein Auto.«

Aber sie konnte mich nicht erreichen. Ich war schon dabei, unsere Garage leerzuräumen. Das Auto wird bei uns bleiben. Ich werde es mir als Hobbyraum einrichten. Es soll einen kleinen Kühlschrank bekommen und ein neues Radio, und dann kann ich samstags immer Freunde einladen und wir hören »Heute im Stadion« und der gute alte Passat bekommt einen schönen Lebensabend.

Da gibt es nur noch ein kleines Problem. Was machen wir mit dem alten Radio – und wer sagt es Anna?

# Bullshit Bingo

»Ja, okay, dann geh ich halt nachher zum Elternabend«, sage ich, zucke aber sofort zusammen. Ich weiß auf Anhieb, dass ich einen schweren Fehler begangen habe.

Aber was soll ich machen? Manchmal kann man am Tonfall seiner Frau erkennen, wann man einlenken muss. Sie hat tagsüber gearbeitet, mit den Kindern eingekauft und beide zum Training gebracht, bei Oma die Blumen gegossen, hinterher ein Regal aufgebaut und schließlich gekocht. Eigentlich könnte sie glücklich sein, an einem einzigen Tag so viel geschafft zu haben.

Ich weiß selbst, dass ich faul bin, kann aber nichts dafür. Wenn man dumm ist, kann man ja auch nichts dafür.

Leider kommt selbst diese Spitzenargumentation nicht wirklich bei Anna an.

»Bei dir ist es die Kombination aus beidem, was mich auf die Palme bringt«, pflegt sie dann zu sagen.

Egal, ich gehe ja heute da hin. Vielleicht kann es nicht schaden, sich etwas vorzubereiten. Allerdings sind die Tipps im Internet zwar zahl-, aber nicht wirklich hilfreich. Die meisten User wollen mir erklären, wie man einen Elternabend veranstaltet. Sollte ich jemals einen Elternabend organisieren, möchte ich zügig und ohne großes Aufsehen weggesperrt werden.

Der beste Ratschlag kam noch von Schorschi69 aus

Unna. Man solle als Mann vorher auf jeden Fall noch einen Meter Bier trinken.

»Was machst du mit dem Maßkrug?«, will Anna wissen.

»Tja«, antworte ich, »meinen Meter Bier kann ich nicht finden.« Ich proste ihr zu.

Dann werde ich doch noch fündig bei Google: Bullshit Bingo.

Da kann man sich einen Bingo-Spielschein mit fünf mal fünf Kästchen ausdrucken. In jedem Feld steht ein Satz, der genau so auf einem Elternabend fallen könnte. Hat man eine Reihe, Spalte oder Diagonale vollständig angekreuzt, darf man aufstehen und laut »Bullshit!« schreien.

Im ersten Feld steht: »Ich werfe mal ein Wollknäuel in die Runde …«

Das Lachen bleibt mir im Halse stecken, weil ich mich an mein Gastspiel bei der Schwangerschaftsgymnastik zurückerinnere. Tatsächlich haben wir uns da, auf Gummibällen sitzend, einen kleinen Softball zugeworfen und der jeweilige Fänger musste sich vorstellen. Das Schlimmste war, dass während der ganzen Zeremonie kein Einziger die Augen verdreht oder der Hebamme den Mittelfinger gezeigt hat. Unglaublich, was die Aussicht auf einen kleinen Schreihals mit den Menschen so anstellt. Anna massierte mir damals deeskalierend den Rücken, doch hätte ich ohnehin nie zu dem von ihr befürchteten Amoklauf ansetzen können. Viel zu sehr musste ich mich anstrengen, der Hebamme nicht auf die Füße zu kotzen. Sie trug Zehensocken. Ekelhafter als Zehensocken finde ich eigentlich nur Schwangerschaftsbäuche, die ihre Trägerinnen absichtlich unter ihren T-shirts hervorlugen lassen und womöglich noch zärtlich reiben, oder Völkermord.

Gut, das ist mittlerweile acht Jahre her, man muss mit einem Thema auch mal abschließen können. Vielleicht bin ich in manchen Dingen auch etwas unentspannt oder einfach nur ein Arschloch.

Das aktuelle Problem ist der Elternabend. Ich exe meine *Mass* und mache mich auf den Weg. Wenigstens treffen wir uns in einer Kneipe und nicht im Klassenzimmer, wo wir auf den harten Stühlen winziger Erstklässler sitzen müssten.

Obwohl ich auf die Minute pünktlich das Nebenzimmer des Gasthauses betrete, schauen fast alle auf die Uhr. Ich habe noch nie so viele Fahrradhelme auf einmal gesehen und lasse meinen Autoschlüssel unauffällig in die Hosentasche gleiten. Fahrradhelme bei Erwachsenen kommen bei mir gleich nach Zehensocken, Schwangerschaftsbäuchen und Völkermord.

Außer mir und dem Kellner befindet sich kein Mann im Raum, und alle Mütter sind älter als vierzig. Die Runde wirkt angespannt. Vielleicht kann ich durch einen lockeren Spruch etwas Stimmung generieren.

»Ich wusste nicht, dass man die Großeltern auch schicken kann«, sage ich.

Keine lacht, aber wenigstens schauen mich nicht mehr alle an.

Ich scanne die Getränke der Anwesenden: Apfelschorle, Apfelschorle, Stilles Wasser, Tee, Apfelschorle, Ingwerpunsch, Apfelschorle und Heiße Milch mit Honig. Ich setze mich zu den beiden Outlaw-Müttern, die am Ende des Tisches zwei Hugos vor sich stehen haben.

Die Lehrerin eröffnet den Abend und fragt, wer das Protokoll führen möchte. Ich mache das erste Kreuz auf meinem

Bingo-Schein, während drei Finger in die Höhe schnellen. Ich kann sogar deutlich ein Schnipsen vernehmen.

Zuerst werden einige Aufgaben verteilt. Die Mütter melden sich freiwillig, manche wirklich mehrmals, um Kuchen backen, Bastelzeugs besorgen oder den Schulgarten zusammen mit den Kindern herrichten zu dürfen.

Erst als der soziale Druck zu groß wird, erkläre ich mich bereit, als Begleitperson mit in den Zoo zu fahren. Falls keine Brauereibesichtigung mehr nachkäme. Immerhin, ein paar spärliche Lacher kann ich einheimsen.

Auch beim Bingo komme ich gut voran. Eine Mutter beschwert sich über das ungesunde Essen bei der Mittagsbetreuung, eine sagt, dass es bei ihnen zu Hause keinen einzigen Fernseher gäbe, und dann wird gefragt, wer sich freiwillig zur Wahl des Elternsprechers melde. Um meine Reihe voll zu kriegen, sage ich: »Schreiben Sie meinen Namen ruhig schon mal auf.«

Noch während ich mein letztes Kreuz mache, springen zwei Mütter auf und schreien »Bullshit!«. Respekt!

Ein bisschen sauer sind sie, als ich die Wahl zum Elternsprecher selbstverständlich nicht annehmen kann, aber insgesamt wird es immer lustiger. Schließlich lassen sich zwei von den Fingerschnipserstrebern wählen. Drei Minuten später haben sie ihre Fahrradhelme auf den kopfschüttelnden Köpfen und verlassen den Raum. Schließlich müssen sie heute noch Kuchen backen und eine Liste schreiben, was sie in fünf Monaten alles auf den Ausflug mitnehmen müssen.

Kaum fällt die Türe ins Schloss, bestellt die Klassenleiterin Obstler für alle, und eine Mutter, die auch aus Franken kommt, besteht darauf, einen Cola-Asbach-Stiefel spendieren zu dürfen. Ich bezahle den zweiten, den wir leider nicht ganz austrinken können. Nicht, dass wir ihn nicht schaffen würden, aber die Gastwirte geben uns zu verstehen, dass sie gerne nach Hause gehen würden. Es sei außer uns kein anderer Gast mehr anwesend. Vermutlich habe auch denen unsere Coverversion von »Another Brick In The Wall« nicht so gefallen. Zumindest beim sechsten Mal nicht mehr.

»Hey teacher!«, schreie ich die Lehrerin noch einmal an, aber anscheinend haben jetzt alle genug und wollen heim.

Da ich nicht mehr fahren kann, lege ich mich in den nächstbesten Fahrradanhänger und lasse mich heimbringen.

Am nächsten Morgen will Anna wissen, wie es gewesen sei. Die Getränke bräuchte ich nicht aufzuzählen, die habe sie in der Nacht schon gerochen.

»Das nächste Mal gehe ich zum Elternabend«, sagt sie nach meinem Bericht. Sie wirkt neidisch.

»Nix«, entgegne ich, »schließlich bin ich jetzt Elternbeiratsvorsitzender. Und Kassenwart.«

Eine kleine Notlüge wird ja wohl erlaubt sein.

Bingo.

 **Kick it**

Zum Glück bin ich keine Zwanzig mehr und daher nicht mehr so naiv, dass ich einem Italiener aus einem Kofferraum heraus einen Videorekorder abkaufen würde. Gut, ich könnte heute auch nicht mehr so viel damit anfangen, aber selbst mit einem iPad oder einem Blu-Ray-Player würden sie bei mir auf Holz beißen oder wie das heißt.

Auch bin ich noch nicht senil genug, um auf einer Kaffeefahrt 1200 Euro für eine Heizdecke hinzulegen.

Zu all dem habe ich das Buch »Die Spinne in der Yucca-Palme« gelesen. Ich bin also mit allen Wassern gewaschen. Nie würde ich mir eine moderne Sage auftischen lassen und sie schlucken.

Moderne Sage, ihr wisst schon, die Art Schauergeschichten, in denen die Mutter einer guten Freundin einer Arbeitskollegin vor dem Frauenarztbesuch schnell das Intimspray ihrer Tochter benutzt, aber aus Versehen das Glitzerspray erwischt.

»Hm, Sie haben sich aber hübsch gemacht«, soll der Arzt gesagt haben.

Anna und mir erzählte Lauer beim Grillen: »Wisst ihr eigentlich, was dem Peewee passiert ist? Nein? Geil, dann passt mal auf! Also, die Zürrleins waren letztes Wochenende mit den Kindern im Serengeti-Park Hodenhagen.«

Ich lachte, weil mir schon der Name ausgedacht vorkam.

»Da kann man sich mit dem Bus durchchauffieren lassen oder man nimmt den eigenen PKW. Dreimal dürft ihr raten, was der Sparfuchs Peewee gemacht hat? Richtig, eigenes Auto!« Lauer schien sich echt zu freuen auf die Geschichte.

»Ja und dann, toller Park. Da kannst du Löwen ganz aus der Nähe ansehen, und ein paar freche Affen steigen dir sogar auf die Motorhaube. Sie waren total begeistert und fuhren im Überschwang der Gefühle etwas forsch auf die Elefanten zu. Diese erschraken und liefen auf sie zu. Zwei Elefanten umkreisten das Auto, vier Zürrleins hielten die Luft an und hofften, dass keines der Tiere stolpern und das Auto unter sich begraben würde. Dieser Tod wäre einfach zu albern.« Lauer machte sich ein neues Bier auf und grinste uns an. Er zelebrierte seine Erzählung.

Ich dachte an die Yucca-Palme, war aber trotzdem gespannt.

»Gott sei Dank gingen die Elefanten nach einigen Minuten weg. Zum Abschied jedoch trat ihnen ein Dickhäuter wie seinerzeit Jürgen Klinsmann in den hinteren Kotflügel.«

Anna schaute mich an und hob eine Augenbraue.

»Nee echt, hört sich vielleicht blöd an, aber es wird noch krasser. Fünf Stunden später kommen sie in Rimpar an, Peewee fährt aber gleich weiter in die Kneipe, um auf den Schock ein Bier zu trinken. Und es lohnt sich, Peewee und seine Geschichte werden gefeiert, vor allem als er die Delle vorzeigt. Bevor Peewee heimfährt, werden aus einem Bier drei. Blöderweise steht am Rimparer Marktplatz die Polizei und kontrolliert ihn. Als sie nach dem Blechschaden fragen, kann Peewee nicht mehr ernst bleiben und entschließt sich, die Wahrheit zu sagen. Ja, ein Elefant habe ihm eine Delle ins Auto getreten.

Und ja, sagt der Polizist, er solle jetzt da in dieses Röhrchen pusten.

Jetzt muss er seinen Führerschein für einen Monat abgeben. 0,7 Promille. Geile Geschichte, oder?«

Ja, geile Geschichte, ich möchte wissen, wer sich so einen Quatsch immer ausdenkt. Wir lachten sehr, tranken noch ein paar Bier und ließen das Auto vorsichtshalber stehen. Anna hätte zwar locker fahren können, hatte aber Angst vor all den wilden Tieren.

Das Wochenende drauf besuchte ich meinen Vater in Rimpar und fuhr bei den Zürrleins vorbei. Ich freute mich, ihnen endlich erzählen zu können, was Lauer so über sie verbreitete. Wir wollten zusammen frühstücken, ich hatte Brötchen gekauft.

Welche mir fast aus der Hand fielen, nachdem ich ausgestiegen war. Vor dem Haus der Zürrleins stand ein Auto mit einem Heckschaden.

Petra stand in der Haustür. Ich ließ mir nichts anmerken und fragte sie beiläufig, ob das ihr Auto sei. »Ja klar«, sagte sie und hieß mich willkommen.

Tausend Gedanken schwirrten mir durch den Kopf, während wir auf der Terrasse frühstückten.

Um mich abzulenken, fragte ich Peewee, ob er Bock hätte, am Abend mit mir zum Joggen zu gehen.

Worauf er antwortete: »Gern, aber du musst mich abholen. Mein Führerschein ist noch drei Wochen weg.«

»Boah«, sagte ich und sank in meinen Stuhl. Ich konnte es nicht glauben.

»Das stimmt ja wirklich.«

»Was stimmt wirklich?«, wollte Petra wissen.

»Elefant«, sagte ich.

»Was? Elefant? Wovon sprichst du?«

Okay, ich erklärte ihnen das Wort und erzählte ihnen die Geschichte. Es dauerte doppelt so lange wie bei Lauer, weil vor allem Petra und Peewee immer lauter lachten. Zwischenzeitlich kam noch eine Nachbarin an den Zaun, die den Grund für unsere gute Laune wissen wollte.

Um dann – ich schwöre – tatsächlich zu sagen: »Ja, aber der Freundin meiner Schwippschwägerin ist das wirklich passiert!«

Als alle endlich wieder normal sprechen konnten, erfuhr ich, dass Petra an der Delle schuld war, weil sie vergessen hatte, die Handbremse anzuziehen, und dass Peewee ganz profan über eine rote Ampel gerauscht war.

Ganz schöne Langweiler.

Ziemlich beste Freunde

Ich wollte mich einfach noch einmal in aller Form bei meinen Freunden bedanken. Für meinen Junggesellenabschied. Das war total lustig. Ihr Deppen!

Ich fand schon immer, dass Junggesellenabschiede peinlich sind. Auch für Fremde, die in Baströckchen oder Indianerkostümen Küsschen verteilen und Geld einsammeln müssen, habe ich mich oft geschämt.

Ich selbst wurde für 18:30 Uhr auf den Viktualienmarkt bestellt. Da ich ein cleveres Bürschchen bin und zwei Tage später heiratete, wusste ich ungefähr, worauf das hinauslaufen könnte.

Viele meiner Freunde sind im Gegensatz zu mir Akademiker, die würden sich geistreichere Sachen ausdenken und mich nicht zum Vollidioten machen. Ich dachte eher so an viel Bier und eine Table-Dance-Bar, die ich in meinen eigenen Kleidern würde betreten und wieder verlassen dürfen.

Ich kann es vorwegnehmen: Viel Bier gab es, eine Stripperin war mir nicht vergönnt.

Mit einem flauen Gefühl im Magen traf ich pünktlich am Viktualienmarkt ein. Insgesamt waren wir zu dreizehnt und für mich jedenfalls ist die Dreizehn keine Glückszahl.

Anfangs smalltalkten wir ein wenig, aber die Jungs schienen sich irgendwie auf irgendetwas zu freuen. Ich hatte große Angst. Zu Recht, denn bald öffnete Detlef seinen

Rucksack und drückte mir ein pinkfarbenes Hemd in die Hand.

»Geht ja noch«, dachte ich, bis sich das Hemd als Minikleid entpuppte. Zuerst weigerte ich mich, es anzuziehen, aber nach der demokratischen Abstimmung (12:1, keine Enthaltung) musste ich mich beugen.

Heute weiß ich, dass ich zu diesem Zeitpunkt den Forrest Gump hätte geben müssen. Einfach losrennen, immer weiter, ohne einen einzigen Blick zurück.

Passend zum Kleidchen gab es eine schwarze Lockenperücke mit integriertem neongelbem Stirnband. Eine wunderschöne Kombination. Während ich mich umzog, band man mir einen Holzklotz mit der Aufschrift »Anna« ans Bein und fertig war das Gesamtkunstwerk. Fast fertig, man darf den Bauchladen nicht vergessen. Alle hatten alte Bücher mitgebracht, die sollte ich verkaufen.

»Du bist doch Buchhändler«, sagten sie, »jetzt kannst du zeigen, was du drauf hast!«

Ich sah schlimm aus und konnte nicht glauben, dass meine sogenannten Freunde solche Einfaltspinsel waren. Ich brachte dies auch zum Ausdruck, meine Beschimpfungen prallten jedoch an ihnen ab. Sie schienen tatsächlich glücklich zu sein. Was ist nur aus dem Bildungsbürgertum geworden?

Nachdem ich mich mit dem Sortiment vertraut gemacht hatte, war klar, dass ich alle Register würde ziehen müssen, um diesen Schund an den Mann und vor allem an die Frau zu bringen. Alle Register in Sachen Mitleid erregen.

Und weil Alkohol dabei sicherlich hilfreich wäre, steuerten wir den nächstbesten Bierstand an. Zunächst schaute die Frau am Stehtisch nebenan weg, etwas später hielt sie

Hackes »Erziehungsberater« in der Hand. Für respektable fünf Euro. Allerdings war das eines der besseren Bücher, die ich im Angebot hatte.

Insgesamt lief der Verkauf fast so gut wie das Bier. Vor allem so lange, wie ich noch richtig reden konnte. Letztendlich hatte ich nach ein paar Stunden aber alle Bücher verkauft und nahm mehr als hundert Euro ein. Das könnte man vielleicht auch hauptberuflich machen.

Nebenbei flößte man mir Schnäpse ein, was nicht gut gehen konnte. Nach der vierten Kneipe lehnten sie mich gegen eine Wand, damit ich nicht umfiel. Hat man mir erzählt. Auch, dass zwei ebenfalls betrunkene Menschen vorbeiliefen, zuerst über mein Aussehen und meinen Zustand lachten und mich dann erkannten.

»Mensch Keidel! Junge!«, blökten sie. »Unvorstellbar, dass dich jemand heiraten will!«

Zur Antwort fiel ich um. Gemeinerweise wurde ich wieder wachgerüttelt, schließlich stand noch »Diskothek« auf dem Programmzettel. Leider stand da nicht drauf, wie man in diesem Zustand am Türsteher vorbeikommt. Nach drei Negativerlebnissen und etlichen Diskussionen (die nicht ich führte), machten die Ersten schlapp und gingen nach Hause. Was nicht so schlimm gewesen wäre, wenn sie mich mitgenommen oder mir wenigstens meine Hose dagelassen hätten. Jetzt war klar, dass ich mein Minikleidchen bis zum bitteren Ende tragen musste. Und es wurde bitter.

Im Kunstpark kamen wir doch noch in einen Club rein und stolperten einige Zeit auf der Tanzfläche herum. Bis Murphy glaubte, mich gegen einen Südländer verteidigen zu müssen, der mich als homosexuell bezeichnete. Erst zog Murphy dessen Schwester durch den Dreck, dann machte er sich über die Kochkünste seiner Mutter lustig. War gar nicht lustig, aber Murphy hatte mindestens so viel Bier getrunken wie ich. Als der erste Kopfstoß kurz bevorstand, entschied ich mich, die Gemüter zu beruhigen und ging dazwischen. Unser neuer Freund schien auf mich gewartet zu haben, erneuerte zuerst seine Vermutung, ich würde gleichgeschlechtlich lieben, dann betonierte er mir eine. Mein schönes neues Kleid färbte sich rot, und meine Unterlippe hing in Fetzen.

Es war fast fünf Uhr, ich war müde und mein Blut schmeckte nach Alkohol. Ich wollte heim.

An den Taxis ging ich vorbei. Sogar in meinem Zustand war mir klar, dass wohl niemand einen blutüberströmten Alkoholiker in Frauenkleidern mitnehmen würde. Immer wieder hörte ich Zentralverriegelungen einrasten.

Also griff ich auf den MVV zurück. Ich habe keine Ahnung, wie oft ich an den jeweiligen Endstationen der S4 war, ich wachte jedenfalls erst um acht Uhr wieder auf. Die S-Bahn war rappelvoll, nur um mich herum stand in zwei Metern Abstand niemand. Ich weiß nicht, ob es an meinem Gestank, am Kleid oder an dem ganzen Blut in meinem Gesicht lag, es war mir in dem Moment auch egal, ich wollte nur überleben.

Endlich daheim angekommen, öffnete Anna die Haustür mit den Worten: »Spinnst du? Ich wollte gerade die Polizei rufen.«

Dann erst schaute sie mich an, erkannte mich nach einer Weile und dachte wohl darüber nach, ob sie mit mir den Rest ihres Lebens verbringen wollte. In guten und vor allem in schlechten Zeiten. Kopfschüttelnd ließ sie mir Badewasser ein.

Und ach ja: DANKE JUNGS!

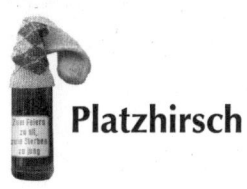 **Platzhirsch**

All die Jahre habe ich mich vor diesem Tag gefürchtet. Dass dieser Tag genau mit Luzies 17. Geburtstag zusammenfällt, ist doppelt schlimm.

Es hätte so ein schöner Tag werden können. Wir hätten zusammen gefrühstückt, ein bisschen geplaudert und wären dann in den Zoo gefahren oder hätten eine Partie Boccia gespielt.

Das mag vielleicht für manche langweilig klingen, aber so etwas gefällt Luzie. Ich habe sie schließlich so erzogen.

Aus meiner Zeit als Jugendlicher wusste ich noch, dass Dinge wie Diskothek oder Heavy-Metal-Konzerte nichts sind für heranwachsende Mädchen.

Deshalb habe ich Luzie schon mit zwei Jahren bei den Pfadfindern angemeldet, und zusätzlich durfte sie jedes Jahr im Sommer beim Grillfest der Wasserwacht mitorganisieren. Und letzten Sommer sogar vor Ort im Mädchenzelt übernachten.

Luzie liest gerne und auch der Haushalt geht ihr leicht von der Hand. Liebevoll pflegt sie ihre Goldfische und strickt sich schicke Klamotten.

Ich dachte, sie sei glücklich und es fehle ihr an nichts – acht Euro Taschengeld pro Woche sind schließlich kein Pappenstiel –, doch jetzt sitzt dieser Pfadfinder bei uns am Frühstückstisch.

»Servus, ich bin der Beder!«, sagt er in breitestem Fränkisch, als ich ins Zimmer komme. »Auch a Käffle?«

Schrecklich, dieses Fränkisch. Mir graut es, wenn ich daran denke, dass ich vor Hochdeutsch auch mal so gesprochen habe.

Vor etwa zwei Jahren hat sich Fränkisch bei den Kids deutschlandweit als Modesprache durchgesetzt und das Türkisch-Deutsch abgelöst.

Heute heißt es nicht mehr »Ej, kommsu noch McDonald's, Alder?«, sondern »Ej, Kolleech, mir müsse noch nein Dengelmann, mei neus Schneckle ärwerd da!«

Ich soll »ruich zulang«, er hätte »genuch Brödli mitgebrachd«, meint der Beder.

Dann klärt mich Luzie auf, dass Peter gar kein Pfadfinder sei. Sie hätte ihn beim Flatratesaufen kennengelernt.

»Im Bacha!«, fügt Beder an, als ob ihn jemand gefragt hätte.

Nein, auf Boccia oder Federball habe sie auch keine Lust, ich solle endlich mal die Augen öffnen, schließlich sei sie keine zwölf mehr.

»Luzie und Peter wollen nachher zu IKEA fahren und ein neues Bett kaufen«, mischt sich meine Frau Anna ein und blinzelt den beiden zu.

Ich gebe mir Mühe, dem grinsenden Milchgesicht Beder sei Nudellabrödle net quer in sei dämliche Kauleiste neizudrücke.

Stattdessen frage ich ihn, was er so mache.

»Ja, die Schul hab i abgebroche, ich spiel ja U19 bei de Bayern. Ich setz alles auf eh Kadde, ich will Brofi wär.«

Vor Schreck kippe ich meinen Kaffee über mein neues HSV-Trikot.

»Halt, langsam, Kolleech!«, sage ich. »Nochmal zum Mitschreiben. Meine gestern noch 16-jährige Tochter hat also einen Freund, mit dem sie augenscheinlich Sex hat. Sie hat ihn beim Trinken in einer Diskothek kennengelernt. Ich dachte immer, sie geht nicht aus. Jetzt kann ich auch das offene Fenster und die Strickleiter aus Luzies Fenster besser deuten. War also gar nicht für mich, falls ich mal vom Stammtisch heimkomme und den Schlüssel vergessen habe. Dieser Beder spielt noch dazu beim FCB. Da es von jedem U19-Jahrgang der Bayern ungefähr zwei Spieler zum Bundesligaprofi bringen, wird der Beder in zwei Jahren sein Hartz IV mit ein paar Kröten aus der Landesliga aufbessern. Da fällt mir nix mehr ein. Außer ›Gud Nacht, schönne Gechend‹.«

»Echt cool, dei Vadder. Der spricht unser Spraach!«, meint Beder.

»Reg dich ab«, sagt Anna, »sei froh, dass Luzie nicht mit Lothar Matthäus zusammen ist. Vom Alter her würde es passen …«

Beder zieht sein Loddar-Maddäus-Amulett aus dem Pulli und küsst es.

Matthäus ist zum Idol einer Generation geworden, weil er das beste Fränkisch weltweit spricht.

»Jetzt bleibt mal alle locker, schließlich habe ich heute Geburtstag. Papa, würdest du es lieber sehen, wenn Peter deine Laufbahn einschlagen würde? Neun Semester BWL ohne Vordiplom, danach Fließband bei Siemens und Pförtner einer Schwesternschule, um dann kurz vor seinem dreißigsten Geburtstag seine Buchhändlerlehre abzuschließen. Wenn es diesen Beruf heute überhaupt noch gäbe. Vielleicht bist du auch nur neidisch, weil du auch gerne Profi geworden wärst. Aber das geht halt nicht mit Füßen aus Malta und der Lunge eines Meerschweinchens.«

»Pah«, sage ich und dann erst mal nichts mehr.

Vielmehr denke ich, dass ich lieber unter Tage Zwanzig-Stunden-Schichten in einem russischen Bergwerk schieben würde, als bei den Bayern zu spielen.

Ich denke daran, wie ich Luzie die ersten Monate ihres Lebens nachts mit HSV-Liedern in den Schlaf gesungen und sie tagsüber mit »Dutzidutzi« und »Ja wo is sie denn?« unterhalten habe. Wie ich ihr beigebracht habe, bei Frauenfußball den Fernseher abzuschalten.

All das soll plötzlich nichts mehr wert sein? Siebzehn Jahre opferst du dich auf, dann kommt ein achtzehnjähriger fränkischer Oberbayer mit Zahnspange daher und spielt die erste Geige. Und womöglich noch Erste Liga.

Noch einmal sage ich »pah«.

Ich schaue Luzie an, sie schaut meine wässrigen Augen an und sagt: »Komm schon, Papa, wir fahren schnell zu IKEA, und heute Nachmittag spielen wir beide eine Runde Memory.«

Na also! Triumphierend verabschiede ich Beder und tunnle ihn mit einer Bocciakugel. Bayern, dass ich nicht lache.

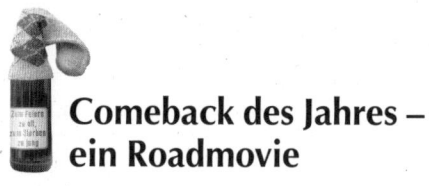

Comeback des Jahres –
ein Roadmovie

»Klar könnten wir den Zug nehmen oder flie-
gen«, sagte Steini, »aber wenn du schon als HSV-Fan nur
einmal im Jahr nach Hamburg fährst, dann sollten wir das
Auto nehmen. Ich leih mir den alten Benz von meinem Vater. Baujahr 89, fünfzehn Liter Verbrauch. Wir fahren Frei-
tagabend um fünf weg und kommen so um zwei auf der
Reeperbahn an. Das ist voll roadmoviemäßig!«

Ich wusste, dass er nicht recht hatte, ließ mich aber auf
keine Diskussion ein. Steini kann man mit Argumenten
nicht überzeugen. Viel zu emotional, der Typ.

Murphy und Breiti waren mit von der Partie. Murphy
hätte am liebsten den Flieger genommen, Breiti wollte mit
dem Zug fahren. Samstag früh hin, Spiel anschauen, ausgehen, Sonntag früh noch kurz auf den Fischmarkt und
mittags mit dem ICE wieder zurück. Das wäre auch mein
Wunsch gewesen, aber Steini hatte das Hotel schon gebucht.

»Hey, vierzig Euro die Nacht und direkt auf der Reeperbahn, das ist sehr günstig«, freute sich Steini.

Also trafen wir uns am Freitag um 17 Uhr am Pasinger
Marienplatz.

Oder vielmehr ich traf mich, weil die anderen Deppen erst kurz vor halb sechs aufkreuzten. Murphy war im
S-Bahn-Stau steckengeblieben, Breiti hatte noch gearbeitet

und war als BWLer verkleidet, und Steini präsentierte uns stolz sein neues Chelsea-Trikot.

»Ein Muss für einen richtigen Löwen-Fan«, sagte er hochemotional.

Super, nur Bier hatte keiner dabei, nach einem Roadmovie sah das nicht aus.

Steini wollte zwar unbedingt noch in dieser Nacht in Hamburg weggehen, ließ sich aber überreden, schnell an der Tanke vorbeizufahren.

Breiti und ich schufen klare Verhältnisse, indem wir uns je einen Sixpack holten. Noch vor der Stadtgrenze hatten wir einen davon leergetrunken, damit keiner auf die Idee käme, wir könnten noch fahren.

Als wir kurz hinter Kassel das erste Mal tankten, schoben wir eine Dose Faxe nach, um alle Zweifel zu beseitigen.

Murphy und Steini lachten, sie hatten sich mit ihrem Schicksal abgefunden. Steini gönnte sich dafür einen Hubba Bubba, wobei er sich zu einem legendären Satz hinreißen ließ: »Nein, geben Sie mir doch den mit Cola-Geschmack, der mit Erdbeere sieht so künstlich aus.« Jetzt lachten sogar die Umstehenden.

Langsam wurde es echt roadmoviemäßig, wir schienen an vergangene Zeiten anknüpfen zu können.

Auch mit der Faxe-Dose verhielt es sich wie früher. Es war cool, sie zu kaufen, aber grauenhaft, sie zu trinken. Besonders das letzte Drittel bedurfte großer Überwindung.

Gleich danach nickte ich auch schon weg, das Geschaukle des alten Mercedes hatte mich sehr müde gemacht.

»He, Arschlöcher da hinten, wacht auf!«, weckte uns Murphy etwas unsanft, aber liebevoll.

Und ich war ihm dankbar, denn es gibt nichts Schöneres, als in Hamburg einzufahren. Ich weiß nicht genau, warum, aber ich bekomme beim Anblick der Landungsbrücken jedes Mal Gänsehaut.

Ich bin mit nur einem Heimspiel pro Saison vielleicht nicht gerade ein Hardcore-HSV-Fan, aber dieses Gefühl kann mir keiner nehmen.

Zu vergleichen ist es nur mit dem Moment, wenn das ganze Stadion zusammen mit Lotto King Karl »Hamburg meine Perle« singt.

Und wenn der HSV hinterher ein Feuerwerk abbrennt und den Gegner aus dem Stadion schießt.

Gut, wir sahen dann am Samstag ein 0:0 gegen Mainz, aber die Stimmung war dennoch sensationell, schließlich war der Abstieg verhindert worden. Als HSVer ist man genügsam geworden im Laufe der Jahre.

Außerdem wusste ich, dass wir nach dem Spiel etwa zwölf Stunden feiern würden, ich am Sonntag nicht von meinen Kindern geweckt werden würde und mich meinem Kater voll und ganz würde hingeben können.

Der Weg vom Stadion zur S-Bahn dauerte zwei Stunden. Man kann ihn auch in einer Viertelstunde schaffen, aber der Weg wird gesäumt von fünfzig Bierständen. Das Bier wird kalt gereicht, HSV-Lieder dröhnen aus den Boxen … Ich bin nicht so emotional wie Steini, aber das ist so schön, dass ich weinen könnte.

Die Sonne schien und ich musste etwas Farbe bekommen haben, denn kaum auf dem Kiez angekommen, sprach mich schon die Erste an. Ob ich Lust auf Ficken hätte?!

»Nein«, sagte ich, »ich bin glücklich verheiratet und ausschließlich zum Trinken hier. Normalerweise trinke ich selten mehr als zwei Bier, weil ich noch fahren oder am nächsten Tag arbeiten muss, aber heute will ich es wissen.«

Sie sagte dann so etwas wie: »Du bist danach auch noch verheiratet und ein Bier geb ich dir auch aus!«, aber sie merkte recht schnell, dass sie gegen das Bierfunkeln in unseren Augen nicht ankommen würde.

Eine Berufskollegin bot Breiti noch schnell an, dass sie ihm, ich zitiere wörtlich, das Rohr mal ordentlich durchpusten wolle.

Wir retteten uns in die nächstbeste Kneipe und waren glücklich.

Murphy sowieso, weil er zum ersten Mal im Volkspark gewesen war, Steini und ich freuten uns auf die besten versifftesten Kneipen der Welt, und Breiti war froh, dass sein Rohr nicht durchgepustet wurde.

So ließen wir uns von Genickschussdiele zu Genickschussdiele treiben und tranken Bier.

Lästig waren nur die Wege von einer Kneipe zur nächsten. Die Damen ließen nicht locker, alle wollten unsere Körper. Wir wechselten immer wieder die Taktik. Mal sagten wir, dass wir gar nicht so gut im Bett seien, wie wir aussähen, mal versuchten wir ihnen klarzumachen, dass wir sie erst besser kennenlernen wollten, bevor es zum Äußersten käme.

Als wir dann das dritte Mal an ihnen vorbeiliefen und diese Taktiken unglaubwürdig wurden, fanden wir heraus, dass man mit einem schlichten »Nein« am besten fuhr.

Komisch eigentlich, dass uns in den Kneipen außer der Bedienung keine Frauen ansprachen. Aber durchaus angenehm.

So konnten wir eine ansprechende Leistung abrufen und gegen sechs Uhr zufrieden ins Bett gehen.

Außer Murphy, der sich noch den Fischmarkt anschauen wollte. Naja, schließlich ist er auch der Jüngste von uns vieren. Ich bezweifle zwar, dass er noch wirklich viel sehen konnte, aber insgeheim bin ich im Nachhinein etwas neidisch auf Murphy, weil er satte vier Stunden länger ausgehalten hat als wir.

Der Sonntagmorgen verlief wortkarg.

Steini, Breiti und ich gönnten uns standesgemäß ein Bauernfrühstück, während sich Murphy schon mal ins Auto legte.

Das hatte er sich verdient.

Auch während der Autofahrt wurde kaum gesprochen, bis Steini auf der Höhe von Augsburg unseren Bierkonsum des Vortags errechnete.

»Zwei Bier zum Frühstück im Schanzenviertel, zwei in der Kneipe vor dem Stadion, drei im Stadion, vier auf dem Weg zur S-Bahn und zwei an den Landungsbrücken. Das macht dreizehn Bier, dann sind wir weggegangen.

Wir lachten sehr und klopften uns gegenseitig auf die Schultern. Und da reden die Jugendlichen heutzutage vom Vorglühen, wenn sie eine Dose Red Bull und ein Beck's Lemon getrunken haben. Steini war so euphorisiert, dass er bei der nächsten Raststätte rausfuhr und sich ein Bier holte. Wir anderen kämpften zwar immer noch etwas mit der Übelkeit, zogen aber mit, weil wir nicht wollten, dass Steini uns irgendwann etwas vorhalten konnte.

Nach dem Anstoßen zählte Steini weiter auf: »Eins im Bayernstüberl, zwei im Goldenen Handschuh, zwei in der einen Disko da, eins im Elbschlosskeller, zwei in der Tankstelle, eins in der Currywurstbude und drei im Hans-Albers-Eck. Das waren dann alles in allem 25 Bier. Zusammen einhundert!«

Erst einmal sagten wir gar nichts, wir waren einfach nur stolz. Ich schaute Breiti an. Er sah aus, als wolle er mir gleich ordentlich das Rohr durchpusten. Dann begnügten wir uns allerdings damit, uns in den Arm zu nehmen.

Murphy stimmte »Hamburg, meine Perle« an, Steini legte »We Are The Champions« nach. Ein emotionaler Moment!

Ich finde übermäßigen Alkoholkonsum jetzt nicht besonders sexy und wahrscheinlich ist er auch ungesund, doch 25 Bier kann man schon mal abfeiern.

Nach genauem Überlegen war klar, dass wir in achtzehn Stunden 25 Bier à 0,33 Liter getrunken hatten. Das sind bei Licht betrachtet nur 8,3 Liter, also weniger als ein halber Liter pro Stunde. Aber 25 Bier hört sich extrem gut an.

Auf diesem Erfolg können wir uns locker ein Jahr ausruhen.

Bis zum nächsten Heimspiel.

Zugabe!
Zugabe!

Jackpot

»Na, das wird der Lübbe Verlag sein«, dachte ich, als das Telefon klingelte und das Display eine Kölner Nummer anzeigte. Ich vermutete, dass man nach der Abgabe meines ersten Manuskripts alles verfügbare Geld zusammengekratzt hatte, um mir einen Vertrag auf Lebenszeit anzubieten.

»Guten Tag, mein Name ist Veronika Schmitt. Wir von der Casting-Agentur KP möchten Sie verpflichten. Sagt Ihnen die Fernsehshow *Der Bachelor* etwas?«

»Nein«, log ich, »wir haben keinen Fernseher zu Hause. Abends lesen wir gerne Klassiker oder unterhalten uns stundenlang bei einem Glas Wein.«

Ich spekulierte darauf, mich durch meine Aussage noch interessanter zu machen.

»Das macht Sie ja noch interessanter!«, sagte Frau Schmitt. »*Der Bachelor* ist, vereinfacht gesagt, eine Show, bei der sich ein Mann aus einem Pool von fünfzig Frauen die beste aussuchen und gegebenenfalls heiraten darf. Die Dreharbeiten finden hauptsächlich in einer Traumvilla in Südafrika statt.«

»Hm, am Konzept ist nichts auszusetzen, aber ihr habt da was übersehen. Ich bin verheiratet«, stellte ich fest.

»Das ist kein Problem«, flötete Veronika, »dann müssen Sie sich eben möglichst schnell scheiden lassen … hihi, kleiner Scherz. Nein, alles okay, die Frauen wissen das, aber alle fünfzig wollten nur Sie, als wir ihnen die Bilder gezeigt haben. Wir sind durch Zufall bei Internetrecherchen auf Sie gestoßen, und auch alle im Team haben sich sofort ein wenig in Sie verliebt. Sie sehen ja, mit Verlaub, so geil aus.«

»Hm«, spielte ich Verlegenheit vor, »das stimmt schon, aber es gibt ein zweites Problem. Meine Gattin wird das Ganze sicherlich nicht goutieren.«

»Hach, diese Wortwahl«, schmolz Frau Schmitt dahin. »Glauben Sie, Ihre Frau wird 1,3 Millionen Euro goutieren?«

»Ja«, sagte ich schnell, »sie ist gar nicht so eifersüchtig. Hihi, kleiner Scherz, wenn Sie verstehen.«

»Sie sind mir aber einer, Herr Keidel, vielleicht bewerbe ich mich als Kandidatin, hihi. Wann könnten Sie zur Vertragsunterzeichnung nach Köln kommen?«

»Ich werde so in fünf Stunden da sein«, platzte es aus mir heraus. Ich konnte keinesfalls riskieren, dass die Praktikantin aus der Blindenwerkstatt einen noch besseren Bachelor aus dem Internet zauberte. Unwahrscheinlich, aber im Bereich des Möglichen.

Ich sprang schnell in die Badewanne und zog hinterher schlichte, aber eng anliegende Klamotten an. Einfach um Gesicht und Körper optimal zu betonen. Ein abschließender Blick in den Spiegel bestätigte die hochprofessionelle Arbeit der Agentur.

Als der Taxifahrer hupte, legte ich meiner Frau noch schnell einen Zettel auf den Tisch: Bin heute Abend zurück, du kannst schon mal unsere Kündigungen schreiben.

Während der Fahrt zum Bahnhof beobachtete mich der

Taxifahrer eingehend. Bei jedem Feldweg, den wir passierten, schoss mir das Adrenalin in die Adern. Aus Angst, er könne den Blinker setzen und sich an mir vergehen.

Am Bahnhof kaufte ich mir gleich die Bahncard 100, schließlich würden sie mich in naher Zukunft ganz schön herumreichen in Deutschland.

Schon komisch, dass mein Durchbruch so lange hatte auf sich warten lassen.

Der Schaffner leckte sich jedenfalls die Lippen.

»Mein Name ist Karl-Heinz«, hauchte er, »heute ist mein letzter Tag, Ihre Getränke gehen auf mich.«

»Danke!«, sagte ich und bestellte zwei Bier, die er im Sektkühler brachte.

Ich trank eines auf ex und eines gemütlich, dann legte ich mich ein bisschen hin. Ich träumte von der südafrikanischen Villa, wo ich einer Hammerfrau nach der anderen supercharmant verklickerte, dass sie nicht gut genug für mich sei.

Ich wachte auf, weil mir schwindelig wurde. Blinzelnd sah ich über mir eine atemberaubend schöne Frau, die mir anscheinend schon länger beim Schlafen zugesehen hatte.

»Gisele?«, fragte ich.

»Nä!«, antwortete sie. »Ich bin die Brigidde aus Würzburch. Aber mei Spitzname is Bündchen, weil ich so oft mit der verwechseld werd. Dörf ich dich a weng massier?«

»Klar«, sagte ich, »aber bitte nur die Schultern, nicht tiefer.«

»Ja, okay«, lenkte sie enttäuscht ein, »hab i mir scho gedacht. Du hast beim Schlaffe so glücklich ausgschaut, du brauchst wahrscheinlich kee Gisele Bündchen für Arme. Aber mir langt's scho, wenn ich dich e, zwä Stündli mas-

sier dörf und wenn vielleicht am End a Foddo für mich raus-
springt.«

Erste Klasse ist echt cool. Während sie mich massierte,
schaute ich mir auf Sky noch einmal den HSV-Sieg vom Vortag an.

Und weil es gerade so gut für mich lief, lud ich Brigitte
auf ein Fläschchen Schampus ein. Karl-Heinz verzog zwar
etwas das Gesicht, aber versprochen ist versprochen.

Brigitte musste dann glücklicherweise vor mir aussteigen, so fiel der Abschied ein wenig leichter.

Das Aussteigen in Köln dagegen war schwer, weil sich
Karl-Heinz echt nicht hatte lumpen lassen.

Unglaublicherweise holte mich niemand von der Agentur ab, sodass ich wieder ins Taxi steigen musste. Hätte
ich das vorher gewusst, wäre ich mit dem Münchner Taxi
durchgefahren.

Auch als ich die Tür zur Agentur aufstieß, klatschte und
jubelte niemand.

»Ah, der Pizza-Service, stellen Sie die Kartons einfach da
hin!«, begrüßte man mich stattdessen.

Nachdem ich das Missverständnis aufgeklärt hatte,
schauten mich alle fassungslos an und zogen sich zu einer
Besprechung zurück. Ich hörte großes Gelächter, und fünf
Minuten später standen sie mit langen Pferdegesichtern vor
mir.

»Tja, Herr Keidel«, sagte Frau Schmitt, »da ist leider einiges schiefgelaufen. Sie wissen ja wohl selbst, dass Ihr Gesicht mittelmäßig ist und Ihr Körper bestenfalls als unglück-
lich bezeichnet werden kann. Wir hatten im Internet ein
Foto von Ihnen und einem gewissen Stefan Mirbeth gefunden und Sie beide verwechselt. Kennen Sie ihn?«

»Ja, er hat früher mal in der *Hexe* in Gröbenzell Bier ge-zapft, und ich hab es getrunken. Dann ist er Model gewor-den und ich fett.«

Frau Schmitt sah wohl, wie Tränen in meine Augen stie-gen, und sagte: »Aber wenn Sie schon mal hier sind … wir haben eben besprochen, Sie in einem anderen Format un-terzubringen.«

»Ins Dschungelcamp will ich nicht«, antwortete ich kraft-los.

»Nein, da müssten Sie auch zumindest C-Promi sein. Wir dachten da eher an *Bauer sucht Frau*.«

Ich sagte ab, weil ein richtiger Bachelor nichts in einem Kuhstall verloren hat.

Gut, aber außer einem letzten Rest an Würde waren mir nur ein mittelmäßiges Gesicht, eine unglückliche Figur und ein mageres Buchhändlergehalt geblieben.

»Na, das wird Anna sein«, dachte ich, als das Telefon klingelte. Hoffentlich waren die Kündigungen noch nicht verschickt.

»Guten Tag, Herr Keidel, hier spricht Mareike Neukam vom Lübbe Verlag. Ich habe Ihr Manuskript gelesen, und wir sind bereit, tief in die Tasche zu greifen. Sie schreiben ja, mit Verlaub, so geil.«

Danksagung

Vielen Dank an:

Astrid für ihre Unterstützung und ihr Verständnis. Und die Liebe.

Romy, Nick und meine Freunde für den ganzen Stoff, den sie mir immer liefern. Den für die Geschichten.

Elke und *Christoph*. *Josefine* und *Amand*. Für alles.

Janine, Pierre-Yves, Soazig, Cécile und *Séb*. Auch für alles.

Meine ersten Verleger *Klafke* und *Andi*.

Tini, die mich zum Poetry Slam in Gröbenzell überredet hat.

Ko und *Felix*, die mich von dort zur Lesebühne »Westend ist Kiez« weggecastet haben.

Sacha, Alex, Friederike, Nadja, Grög und *Fabian*, die anderen von »Westend ist Kiez«.

Moses, Michi und *Jaromir* von den »Schwabinger Schaumschlägern«.

»*One Thörty*« für die Welttournee.

Die *Buchhandlung Hugendubel* und alle Kollegen, die mich sehr unterstützen.

Alle andere Buchhandlungen, die meine Bücher einkaufen.

Mareike Neukam und *Stefanie Folle* vom Lübbe Verlag.

Konstanze, eine große Künstlerin.

Steve für das Bestsellerbild und die Humor-Schulung in unserer WG.

Und alle Freunde und Facebook-Freunde, die das Buch kaufen und verschenken und weiterempfehlen und überhaupt.

Wen habe ich vergessen? Ich werde das mit Bier wiedergutmachen.

Volker Keidel war immer klar, dass er mit *Bierquälerei* Platz 1 der Spiegel-Bestsellerliste erreichen würde. Schließlich ist er Buchhändler und hat jeden Abend ab 20 Uhr freie Bahn.

Andere Kinder waren krank.
Ich hatte Schnupfen.

Carolin Wittmann
ÄRZTEKIND
Aufwachsen mit Risiken
und Nebenwirkungen
288 Seiten
ISBN 978-3-404-60097-7

Caros Vater ist Arzt. Wenn sie eine Spritze bekommen soll, malt er mit rotem, desinfizierendem Zeugs eine Zielscheibe auf ihren Oberarm und wirft die Spritze. Werfen tut nämlich viel weniger weh als die Ankündigung »Das wird jetzt ein bisschen pieksen«. Gut, ihr Arztpapa ist ein besonderer, ein anstrengender und manchmal auch besonders anstrengender Mensch. Aber dank ihm hat sie gelernt, die Arschbacken zusammenzukneifen. Vor allem dann, wenn er versuchte, ein Zäpfchen hineinzuschieben. Ja, Caro ist hart im Nehmen. Und das erweist sich als hilfreich, als es ihrem Vater einmal selbst bedrohlich schlecht geht …

Bastei Lübbe Taschenbuch

Inserierst du noch oder liebst du schon?

Birgit Adam
SUCHE FRAU IN
ANSTÄNDIGEM ZUSTAND
Die witzigsten
Kontaktanzeigen der Welt
192 Seiten
ISBN 978-3-404-60746-4

»Wer suchet, der findet« heißt es schon in der Bibel – nur wen finden wir, wenn wir uns in Kontaktanzeigen umschauen? Da scheinen sich die Freaks, Sexbesessenen und überdurchschnittlich Selbstbewussten nur so zu tummeln. Ob in seriösen Zeitungen, im regionalen Wochenblatt oder natürlich im Internet, wenn Menschen sich selbst und ihren Traumpartner in minimaler Zeichenzahl beschreiben, ranken sich schnell liebliche Stilblüten um entlarvende Selbstbeschreibungen und entwaffnende Ehrlichkeit trifft auf verheißungsvolle Angebote …

Vielleicht findet man in den Kontaktanzeigen nicht immer der richtigen Partner, aber auf jeden Fall großartige Unterhaltung!

Bastei Lübbe Taschenbuch